光尘
LUXOPUS

MY LIFE IN ADVERTISING

SCIENTIFIC ADVERTISING

一切从
广告开始

[美] 克劳德·霍普金斯 著

阮斯晗 译

北京联合出版公司
Beijing United Publishing Co.,Ltd.

图书在版编目（CIP）数据

一切从广告开始/（美）克劳德·霍普金斯著；阮斯晗译.—北京：北京联合出版公司，2023.4（2025.2重印）
ISBN 978-7-5596-6602-4

Ⅰ.①一⋯ Ⅱ.①克⋯ ②阮⋯ Ⅲ.①广告学 Ⅳ.① F713.80

中国国家版本馆CIP数据核字（2023）第035583号

一切从广告开始

著　　者：[美]克劳德·霍普金斯
译　　者：阮斯晗
出 品 人：赵红仕
策划编辑：石　萱
责任编辑：孙志文
营销编辑：谢寒霜
装帧设计：王　易
特约监制：李思丹
出版统筹：马海宽　慕云五

北京联合出版公司出版
（北京市西城区德外大街83号楼9层　100088）
北京联合天畅文化传播公司发行
北京中科印刷有限公司印刷　新华书店经销
字数176千字　880毫米×1230毫米　1/32　印张9.75
2023年4月第1版　2025年2月第10次印刷
ISBN 978-7-5596-6602-4
定价：52.00元

版权所有，侵权必究
未经书面许可，不得以任何方式转载、复制、翻印本书部分或全部内容。
本书若有质量问题，请与本公司图书销售中心联系调换。电话：（010）64258472-800

"每位广告从业者都应至少阅读本书(《科学的广告》)七遍再开始接触哪怕最基础的广告业务。这本书彻底改变了我的人生轨迹。"

——大卫·奥格威

目录

再版序 / V

第一部分　科学的广告

第 1 章　广告是一门精准的科学 / 003

第 2 章　广告是放大的推销术 / 009

第 3 章　服务优先 / 014

第 4 章　注重实际 / 017

第 5 章　用标题激发兴趣 / 023

第 6 章　永恒的消费者心理 / 028

第 7 章　采用具体化表述 / 034

第 8 章　讲述完整的故事 / 038

第 9 章　广告中的图片应用 / 042

第 10 章　不做没有结果的尝试 / 047

第 11 章　尽可能搜集产品信息 / 052

第 12 章　广告战略中的关键问题 / 056

第 13 章　发挥试用装的威力 / 061

第 14 章　建立分销网络 / 068

第 15 章　将产品交给消费者评判 / 073

第 16 章　不过度依赖经销商 / 079

第 17 章　挖掘广告的"性格" / 082

第 18 章　拒绝消极型广告 / 085

第 19 章　如何撰写商业信函 / 087

第 20 章　好名称促进销售 / 091

第 21 章　成就一门好生意 / 094

第二部分　我的广告生涯

前　言 / 101

第 1 章　我的早年生活 / 103

第 2 章　在广告与营销中学习 / 116

第 3 章　踏上从业之路 / 127

第 4 章　初入广告界 / 138

第 5 章　一番新天地 / 150

第 6 章　一切为了客户　/　162

第 7 章　找到立足的优势　/　173

第 8 章　做承担风险的人　/　187

第 9 章　终极目标是利润　/　197

第 10 章　把握大众趋势　/　210

第 11 章　建立品牌偏好　/　223

第 12 章　兑换比赠送更有效　/　231

第 13 章　改变习惯代价高昂　/　242

第 14 章　传递积极情绪　/　250

第 15 章　遵循经济性原则　/　256

第 16 章　成功的原因　/　265

第 17 章　科学的广告　/　273

第 18 章　职业生涯的失误　/　286

第 19 章　广告与生活　/　294

再版序

克劳德·霍普金斯的书已经历多次再版重印。

1923年，他短小精悍的著作《科学的广告》，由洛德与托马斯广告公司出版。该公司正是如今的博达大桥广告公司的前身。问世30年后，该书由科学营销与广告学领域的知名学者阿尔弗雷德·普利策组织再版。他认为"克劳德·霍普金斯在其著作集中提出了业界最有价值的理论观点"，并且"克劳德·霍普金斯在提高广告有效性研究领域的贡献远远超过现今的各种研究"。

1927年，克劳德先生完成了自传《我的广告生涯》。该书首先在《广告与销售》杂志上连载，后由哈珀出版社集合出版。1933年，只需10美分就能在几乎所有的二手书店买到此书（甚至可以买到由他的遗孀亲笔签名的书，克劳德先生于1932年去世）。

到了1946年，《广告与销售》杂志重载了《我的广告生涯》，并请沃尔特·韦尔作序。他这样写道：

> 本书的每字每句都值得仔细推敲、反复研读。作者向广大

读者展现了一位广告人走向成功的真实经历，用生动形象的讲述方式，原汁原味地向读者传授了自己的经验教训。这不是一本书，而是一场身临其境的现实历练，让读者从中得到启迪。

此次重印，我们将《科学的广告》和《我的广告生涯》两书合并再版，旨在给年轻一代广告人带来启迪。几十年过去了，如今广告业的多数从业者从辈分上讲可以算是克劳德先生的曾孙辈了。

如今看来，克劳德先生的理念也许在具体内容上有过时的一面，但其内核却历久弥新。他是那个时代杰出的撰稿人兼战略决策者，他的年薪超过10万美元，这即使对当时的美国财政部来说也是一笔巨款。他在那个自然科学尚未充分发展的年代，便开始研究"科学广告与营销"。他的许多理论从当今日益复杂的现实情况来看似乎有些落伍，甚至其中一部分的确已经过时或被证伪，毕竟时代背景大不相同了，但克劳德·霍普金斯所提出的基本指导思想却是那么重要，永远都不应被遗忘。

阅读本书时，读者有时候会对其中的观点不置可否，有时又会拍案叫绝；有时会因作者在字里行间表现出的自负和傲慢感到恼火，有时又被他的故事吸引，或是对他简洁精炼的遣词造句印象深刻——它可算得上弗莱施公式问世前，广告文案长短把握的最佳案例①。他的句子短而简单，但又切中要害，正如他在《我

---

① 鲁道夫·弗莱施（Rudolph Flesch）提出了著名的"弗莱施公式"，用以测试广告的易读性。——译者注

的广告生涯》第一章中的自述：

> 我确信自己没法游刃有余地和有钱人打交道，因为我不了解他们，也从没想过向他们推销商品。我确信，如果要我为劳斯莱斯、蒂芙尼或施坦威钢琴这样的奢侈品做广告，我肯定一败涂地，因为我不了解有钱人的行为模式。但我确实非常了解普通人——我喜欢和劳工交谈；喜欢研究那些精打细算的家庭主妇；也喜欢了解家境贫困的少男少女们的远大理想，获得他们的信任。只要给我的是普通人想要的东西，我就能把它卖出去。学者们可能讥笑我的语言风格，因为我用词简单，语句简练；有钱人可能嘲讽我在广告中强调的卖点，但来自千万普通家庭的人会阅读这些广告，并购买其中推销的产品。他们会真切感到广告制作者了解他们，而这些人占到广告消费群体的 95%。

克劳德·霍普金斯是一位广告业先驱，他为行业发展开辟了全新的道路。但他自认为是个谨慎的人，始终依照普适性的基本原则制作广告，从不剑走偏锋。这也就解释了为何他的话总是被转载，无论新人还是专家都认为他的观点兼具启发性、实用性与吸引力。

S.R. 伯恩斯坦
广告出版有限公司总裁

第一部分

科学的广告

第 1 章

广告是一门精准的科学

经过长时间的发展，如今的广告学终于进入了科学化的阶段。和其他学科一样，广告学同样有着稳固的基础法则和相当高的理论精准性，同时一代代广告人又通过对实际案例的剖析逐步建立了一套正确且行之有效的实操方法。

广告这一曾被视为与赌博无异的行业，如今成了安全系数高、发展空间大的代名词。这是因为现在的广告从业者既有切实的方法做参考，又有扎实的理论做支撑，风险自然大大降低。

本书始终坚持从广告学基本准则与现实案例两方面展开，因此读者们不必担心书中只有各种枯燥的理论学说。这本书是集教科书与实操指南于一体的综合手册。书中所有表述都经过字斟句酌，范围仅限于已反复验证的成熟理论，如有涉及某些不确定的内容，我们都进行了详细标注。

广告业能有今天的大好局面，有赖于多种因素的共同作用，其中之一就是大型广告公司的作用。长期以来，许多全国性的广告项目基本都由大型广告公司负责运作，一些公司因此得以积累大量素材。他们在负责运作的大量活动中，测试并比较数以万计的方案和创意。所有运行结果，不论成功或失败，都被完整地保留。所有经验教训都得以被记录，成为最好的借鉴。

这类机构雇用的都是高水平的人才，因为只有能力超群又经验丰富的人才有资格参与全国性广告项目。其中一部分人在合作中互相学习，在挑战中不断进步，逐步成长为广告领域的专家。人员可能会流动，但他们的工作实践与理念会被永远保留，成为公司的宝贵财富，也成为所有后来者的指引。因此，在几十年的发展历程中，这些广告公司成为行业的信息宝库，存储着大量的广告案例、成熟的理论和实践方法。

这些广告公司还会与商界的专业人士建立密切联系。他们的客户通常是业内的龙头企业，因此这些广告公司得以见识各种商业手段和战略的实施效果。于是，他们成了广告营销相关信息的交流站。几乎每一个销售方面的问题，他们都能运用丰富的经验准确解答。

广告与销售能够成为精准的科学，离不开上述因素的长期影响，行业通过大量积累，最终找到了经济便捷又安全有效的路径。

我们通过学习原理以及反复试验证明了，这一切主要通过广告索引、效果跟踪及优惠券的运用来实现。我们将各种方法进行全方位比较并记录结果。如果一种方法总能被证明是最好的，那么它就可以被确立为通用的准则。

邮购广告的效果跟踪可以精确到一分一厘。每份回执的成本以及每一笔销售额背后的成本都能以极其精确的方式计算出来。如果要对不同广告或宣传方案做全方位比较，那么标题、布局、字号、内容乃至插图都要考虑在内。对某些邮购广告来说，哪怕只降低1%的成本也意义非凡。方案的选择绝不容许没有数据基础地胡乱猜测，广告人必须对最好的方案了如指掌。因此，邮购广告率先为广告业贡献了不少基本准则。

对于那些成效无法直观获取的广告，我们会将不同城市的销售情况进行比较，主要对比销售成本，这种方法可以适用于各种形式的广告。

但最常见的方式还是使用优惠券。我们通过提供试用装、宣传册、免费产品或其他东西吸引人们直接回应。这样我们就能清楚地知道每个广告引起的反响如何了。但这些数据并非最终结果，因为人们对广告的回应并非百分百有效。所以我们的最终结论始终要基于每位顾客或每单位销售额的成本得出。关于优惠券的具体运用，我将在"发挥试用装的威力"一章中进一步说明，这里我们只简单解释一下如何利用优惠券探究广告的规律。

在大型广告公司中，不同产品的优惠券使用效果都会被完整记录并分析，有时仅一种产品就需要记录上千条广告，以确保能够对与广告相关的全部要素进行全面测试。通过大量结果追踪，我们对可能遇到的各类问题都能够进行回应。

在我们通过上述方法得出的原则中，一部分仅适用于特定的产品线，但也足以为同类业务活动提供基本理论指导；其他的则可以应用于各类产品，成为具有普适性、通用性的广告根本原则。任何理智的广告主都不会背离这些不变的法则。

我们将在本书中讨论广告的基本原则和普遍性规律，并仅对公认的技巧进行介绍。与艺术、科技等各个领域一样，广告中也蕴含着科学的方法，并且这些方法和其他领域的一样，都是必不可少的。

广告业过去存在的一大主要问题是未能建立起行业基本准则，每个广告主都摸索着建立起自己的行事法则。他们对行业前辈总结的经验以及行业整体的进展一窍不通，这就好比一个人想造火车，却对前人的成果一无所知。他们的探索就像哥伦布寻找新大陆的旅程一般。人们经常因为一时的想法和偏好而头脑发热、冲动行事，这些想法往往飘忽不定、难以捉摸，也就导致他们很少能顺利实现目标。纵使真能实现，也必定走了一大段弯路。

早期的广告主们就像孤独的水手一般，没有航海图指引路线，没有灯塔指示港口，也没有浮标警示暗礁，他们只能独自摸索航线。各种前车之鉴并未被记录，因此无数冒险家都搁浅于同一片暗礁或浅滩。

那时的广告是一种赌博，是不计后果的投机行为。每个人都站在同一起跑线上凭运气选路线。根本不存在所谓的领航员，因为很少有人会在同一条路线上航行两次。

不过这种情况在如今的广告策划中已不复存在，唯一的不确定性只在于产品和目标群体，而不在于广告方法，因为人的习性与癖好、偏见与好恶永远难以衡量。尽管我们无法从一开始就确定商品是否会受欢迎，但我们知道如何尽快确定这一点，也知道如何以最高效的方式销售商品。

凡是冒险就可能失败，但如果有了科学理论的指导，失败的后果也不会是灾难性的。即便真有什么损失也往往无足轻重，并且导致失败的原因也与广告无关。广告业在这样的新形势下蓬勃发展，无论数量、声望还是受重视程度都成倍增长。曾经的赌博成了一门科学，一项安全系数很高的生意，不仅风险被消除，效果也成倍增长。

所有人都应该认识到一点，诡辩、奇谈或者纸上谈兵是没有立足之地的。问道于盲实在可笑，尤其在一个充满无限可能的领域中，这么做让人惋惜。广告人除非有像万有引力定律那样的金科玉律作指导，否则几乎不可能成功，更遑论取得持续的成功了。

因此，我们的核心目标就是确立基本法则，并告知各位如何求证。基于这些法则，广告活动衍生出各种变式，可以说没有哪两个广告是完全相同的。"个性必不可少，模仿遭人耻笑"固然不错，但广告业的教科书并不会记录那些灵光一闪的创意，教科书记录的只有最基础的法则。

我们希望通过对广告更好的理解来促进行业的发展，从商业的角度使之成为最安全、最可靠同时能带来巨大回报的行业。成千上万个耀眼的成功案例展现了广告业的发展机会,而案例的多样性又昭示了广告业不可限量的前景。然而还是有很多需要广告的人将广告的成功视作偶然,如果没有广告,他们中的很多人都无法达到当前的高度。

旧时代已过去,广告的新生正在眼前,希望这本书能帮助大家对这个问题建立全新的认识。

第 2 章

广告是放大的推销术

要想准确了解广告并学习基础知识，必须从正确认识广告的概念开始——广告也是一种推销术。这两个领域的基本原理相同，成败的原因也大致无异。所以，每个广告问题都可以按照销售人员的标准方式来回答。让我们再次强调一点：**广告的唯一目的是实现销售，广告是盈是亏取决于其带来的实际销售量如何。**

我们做广告不是为了给人们留下模糊的大体印象，不是让别人知道你的名字，也不是用来辅助其他推销员。我们要把广告当成一个独立的个体，使其充分发挥自身的作用，并且要将广告的投入产出与推销员进行比较。只要记住，优秀的推销员不会做的行为也不应该出现在广告中，这样就可以有效避免错误了。

人员推销和广告推销的差别只在于程度上的不同。广告是放大的推销术，一名销售人员只能与有限的顾客打交道，而一则广告能影响成千上万人。当然广告的成本也相应较大，某些常规广告中单字可能就要花费10美元。因此,广告被视为"超级推销员"。一位销售人员的错误不会造成多大的损失,但广告一旦出现问题,其造成的损失可能数千倍于前者。因此,广告策划应该更细致、更审慎。

一个销售人员再平庸,其负面影响力也只限于部分业务,而一个平庸的广告则足以搞砸全部。很多人将广告文案创作等同于广告,但事实上,文字运用之于广告就如口才之于推销一样,并没有大家想象中那么重要。

广告在表达上必须明确、清晰,且有说服力,就像一个销售人员必须做到的那样。过于精美的文字可能反而无益,独特的风格也不一定更有吸引力,因为它们分散了阅读者的注意力,反而暴露了其中的"圈套"。任何精心策划过的销售企图一旦显露,被顾客察觉,都会引发顾客的抵触情绪。

这无论对人员推销还是广告推销都是一样的。光靠能说会道很难真正成为优秀的销售人员。推销员的巧舌如簧会让顾客产生被操控的恐惧,也让他们怀疑对方是在向自己推销名不副实的产品。成功的销售人员几乎都不是杰出的演说家,他们的口才并不出众。他们是坦诚而朴实的普通人,只是对客户和自己的产品有充分了解而已。

广告创意也是如此。广告业的许多杰出人士都曾是销售人员,而且据了解,其中的佼佼者原先都做过挨家挨户推销的商贩。他们或许不懂语法、不懂修辞,但他们知道如何取信于人。**有一个**

简单又合适的方法可以解答许多广告问题，那就是时常问自己："这样做能帮助推销员推销产品吗？""如果我直接面对一个顾客，这样做能帮助我销售产品吗？"

客观公正地回答上述问题可以有效避免许多错误的发生。但是，当一个人试图自我炫耀，或只想做取悦自己的自私行为，他就不太可能引起人们的共鸣，也不太可能让他们心甘情愿地花钱。

有些人喜欢在广告中喊口号，有些人喜欢搞些奇思妙想，但想一想你会在实地推销中使用这些方法吗？你可以想想客户会不会对这些东西印象深刻。如果你的答案是否定的，那么就不要把它们用在广告中。

有些人会说，"广告要简短，大家不会花太多时间看广告"。但你会对一个推销员这样说吗？当他面对一个潜在客户时，你确定他能用几句话就说服对方吗？这简直不可思议。在广告中，我们唯一能影响的读者就是那些对我们的主题感兴趣的人。广告内容不管长短，都没有人会为了娱乐去阅读广告。要把每个读者都想象成站在你面前的潜在客户，他们想从你这里寻找信息，那么你就要给他们足够的信息，促使他们买单。

有些人提倡在广告中使用大号字和大号标题，但在现实中，他们并不喜欢大声说话的推销员。人们习惯于阅读 8 号字，报纸杂志均普遍使用这一字号。既然大家已经有了习惯的字号，那么使用更大的字号就好比在毫无必要的情况下大声说话。这么做并不会得到应有的关注，很多人会觉得非常吵闹。这或许还不至于惹人生厌，但绝对是既无用又浪费，且会使广告成本成倍增加。

另外有些人试图在广告中展现一些不寻常的东西。他们希望广告在风格、插图等方面能与众不同。但是你会让推销员也成为那样奇怪的人吗？一个行为举止和穿着打扮都正常的人不是更能让客户接受吗？

还有些人坚持认为广告必须要精心打造，对广告进行适度包装无可厚非，但这并不是决定性要素。某些看起来不甚华丽的广告，就像是衣着朴素的推销员，外表平平无奇，实际却可以很优秀。因此，无论是人还是广告，过分包装都不值得提倡。

许多问题都是这样，我们要用推销员的标准而不是娱乐性的标准来衡量广告。写广告不是为了好玩，以娱乐为目的写出来的广告只会吸引那些想要找乐子的人，而他们很可能并不是你的潜在客户。

这就是广告中最大的错误之一。广告创意人员将自己的责任抛诸脑后。他们忘记了自己是一个销售人员，而把自己当成了演员。他们想得到掌声，而不是实际的销售额。

策划和准备广告时，必须时刻在脑海中构建一个典型的目标客户，要确保广告主题和标题能吸引他/她的注意。然后，在做任何事情时都要设想你是在与这位客户面对面交谈。这样一来，只要你是个正常人，是个合格的推销员，那么你一定会取得最好的广告效果。

不要把顾客想成一个笼统的整体，这会影响你的认知。要想

象一个具象的个体，男女皆可。不要想着插科打诨，花钱是一件很严肃的事情；不要吹牛，没有人会喜欢牛皮大王；也不要试图炫耀，做好一个合格的推销者在面对客户时会做的事就够了。

不少优秀的广告人会在广告策划开始前亲自向客户们推销产品。曾有一位顶级广告人花了几周的时间，挨家挨户地推销某件产品。在这个过程中，他掌握了市场对广告的不同侧重点及表现方式的反应，掌握了潜在客户的需求，也弄清了哪些因素对客户没有吸引力。在广告活动中，直接与数百名潜在消费者交流是很常见的。

另有一些人通过发放问卷的方式调查购买者偏好。无论方法如何，每个广告人都要学会引起大众的共鸣，仅靠猜测一定会付出巨大代价。

广告制作商必定对产品制造商甚至经销商有所了解，但这种了解使他们脱离了消费者，他们追求的并不是消费者感兴趣的东西。广告人成功与否很大程度上取决于他是否认真研究了消费者，是否尝试设身处地为消费者着想，此外没有什么其他的方法。

在本书介绍推销技巧的各章节中，本章无疑是最重要的。**大多数广告失败的原因无非是两点，第一是试图向人们推销他们不感兴趣的东西，第二是缺乏真正的推销技巧。**

如今的广告人对广告策划、编写有一些完全错误的理念。他们的广告是为取悦销售企业而写，买方的利益被罔顾。这样的态度只要存在一日，那么无论是人员销售还是广告销售，都不可能把商品顺利卖出、盈利。

第 3 章

服务优先

要记住,所有人都是自私的,无论是你面对的顾客还是你自己,都不例外。顾客们并不关心你的利益,他们只想让自己获得更多服务。很多广告人都容易忽略这一事实,并且为此付出巨大代价。大量广告在本质上依旧是要求顾客"选我的品牌吧""不要跟别人做生意",但这显然不是顾客愿意听到的。

真正优秀的广告不会直接显露购买要求,这本就是无用功。广告中不会谈到价格,也不会提及有经销商在经销产品的事实。

优秀的广告完全建立在为客户提供服务的基础上,它们为客户提供想了解的信息,为他们介绍产品能带来的好处。广告主们或许还会提供试用装,为客户支付首次购买的费用,或是寄一些有用的东西。这样一来,客户就可以在无须承担任何成本或风险的情况下验证广告内容的真伪。

某些广告看起来完全利他,但事实上完全是广告人拿捏人性的产物。广告创作者对如何引导人们购买产品了如指掌。

这一切在本质上还是推销技巧。优秀的推销员不会仅仅叫喊着"买 XX 品牌吧",他会站在客户的角度不断为其提供服务,直到客户最终愿意购买。

曾有一家刷子生产企业雇用了 2000 多名推销员上门推销产品,并在这个看似困难的行业取得了巨大成功。试想这些推销员如果直接请求客户购买,那么结果一定不会这么顺利。他们没有那么做,而是选择谦逊地敲开客户的门并告诉他们:"我们是来给您送刷子的,我这里有些样品请您自行挑选。"顾客们总会热情回应,并且在挑选过程中总会看到其他感兴趣的刷子。出于对商家赠送礼物的感谢,他们往往会向推销员额外下单。

另有一家企业用马车载着咖啡,在大约 500 个城市兜售。每位推销员都会带着半磅咖啡拜访客户,对他们说:"请收下这袋咖啡尝一尝,过几天我会再来叨扰,看看您的使用体验如何。"全程他都没有提到让客户购买产品,即便是后续回访时也不会做此要求。

他只是解释说,他非常想为客户送上一件精致的厨房用具,但他不能这么做。不过如果客户对咖啡感兴趣,他可以按每磅便宜 5 美分的价格销售。这样一来,只要客户买得够多,就能省出一件厨具的钱。他们总会从客户的角度考虑。

曾有一家电动缝纫机马达制造商发现自己的广告很难达到理想效果。于是,他听取了别人的建议,停止直接请求顾客购买产品的做法。他主动提出，可以由任意经销商为每个家庭送去一部马达供其试用一周，并且安排专人为其演示如何操作。"请允许我们为您无条件提供一周的免费服务"，广告中如是说。这样的提议对顾客来说是不可抗拒的，而他们试用之后十之八九都购买了产品。

很多产品都是如此。雪茄生产商会向人们赠送盒装雪茄，并说："先抽10根，之后要留下产品还是退回都由您决定。"出版商以及打字机、洗衣机、橱柜、吸尘器等产品的制造商往往无须预付款就会先发货，他们会说"先试用一个星期再做决定"，几乎所有邮寄销售的商品都允许退换。

这些都是常见的推销原则，即便是最无知的街头小商贩也在运用这些方法。然而广告推销的创意人员却时常忽视这些，他们对自己感兴趣的方面高谈阔论，不断夸耀自己的品牌，好像那是很重要的事。这些人信奉"让顾客到商店去"，这就是他们言谈举止间表现的态度。你可以尝试引导，但不必妄想能驱使他人。人不论做什么都是为了让自己快乐，如果广告人都能记住这一点，那么他们在广告上就会少犯许多错误。

第 4 章

注重实际

对广告人来说,最严峻的考验莫过于邮购销售,当然这也是成功路上必学的一课。之所以这么说,是因为邮购销售的成本和回报会第一时间通过数据反馈,任何错误的理论都会像阳光下的雪花般迅速湮灭。一个广告是否赚钱,从回报上就能看得一清二楚。数字不会说谎,它会第一时间把广告的优点展露在人前。这无疑可以让广告人更有勇气,使其免于依靠猜测做决定,同时也能让错误暴露出来。一个人一旦意识到自己的判断大概率会出错,他就不会再自负了。

邮购广告让人们意识到,要想获得公平的成功机会,广告就必须建立在科学的基础上。人们终于明白了被浪费的每 1 美元都会增加销售成本。邮购广告就像一位永远不会被小伎俩蒙蔽的老师,教会广告人高效和节俭。只有那样,我们才能游刃有余地在所有类型的广告中应用这些原则和要素。

举个例子，曾有一位广告主经营一种售价5美元的产品，平均每份广告回执的成本为85美分。后来有一个人向其提交了一份广告策划方案，深受其认可，但新方案下的回执单位成本激增至14.2美元。此外，另有一人的方案中提出可在两年间确保单条回执成本控制在41美分。每年的回执量基本在25万份，可以试想一下不同方案的成本差异。那个将成本砍半至41美分的方案是多么宝贵，而持续投放那个成本高至14.2美元又无法确保任何回报方案，又会是什么样的局面呢？

然而还是有成千上万的广告商甘做冤大头，凭感觉大把花钱。他们的行为与前文提到的那个人并无差别。那个人在明明只要花费41美分的情况下选择了85美分和14.2美元的昂贵方案，其花费何止数倍于必要成本。

通过对邮购广告的研究，我们发现了很多值得学习的东西，这也是本书的主旨。在这样的方法下，我们能在第一时间知道广告如果继续投放会有怎样的回报，也能判断广告究竟适用与否。由此选定的广告经历了多重研究比较，必然是最优之选了。

我们应以严肃的态度对待这些广告。它们经受了实践的考验，而非纸上谈兵，它们也不会欺骗你，有智慧的人会将从中学到的理论作为法则应用于各类广告。

**邮购广告使用的字体一般小于普通印刷字体，这是为了节省空间。大字体并不一定带来高回报。要记住，当你把广告字体放大一倍，你的版面空间也相应扩大了一倍。或许广告最终还是能盈利，但结果数据必然显示你付出了双倍的成本。

邮购广告不允许版面的任何浪费。每一行都要被完全利用，装饰花边很少能派上用场。因此，如果你想要在宝贵的页面空间上留白时，请记住这条原则，打消这种念头。

邮购广告中没有东拉西扯，没有自吹自擂，没有废话连篇，更没有嬉笑逗乐，有的只是出众的服务。

邮购广告中一般都会包含一张优惠券，旨在促使部分心动的消费者行动起来。被剪下的优惠券会不断提醒人们将购买意图付诸实践。邮购广告主们对消费者的健忘和惰性一清二楚。很多杂志读者会被杂志上的广告吸引，他们可能会当即决定购买，但或许仅5分钟后，他们又会被其他有趣的杂志文章吸引，把刚刚的想法抛诸脑后。邮购广告主们通过大量测试发现了这种情况，这是他们不愿看到的。所以他们在广告中加入了可裁剪式的广告优惠券，当人们决定购买商品时，就会把这张优惠券留下。

邮购广告中的插图一定与主题相关，图片本身就是在推销产品，它们凭自己的价值赢得了版面空间。因此，插图的尺寸大小取决于它们对广告的重要性，重要性越强所占版面就越大。比如对于服装店来说，服饰的图片一定会占用很大的版面，其余内容都是次要的，要让位。

普通广告中用的插图或许不一定都能说出些门道来，很可能只是策划人一时兴起加入的。但邮购广告不同，插图的成本可能占到整体成本的一半，因此必须确保每一张插图都是经过反复试验考量后选定的。

在你仅仅为了装饰或吸引注意而想在广告中插入无用的图片前，请看看邮购广告是怎么做的。

曾有人登广告说要以直邮的方式销售一种孵化器。他的广告格式规整，标题恰当，一下子就带来了可观的回报。但他认为如果在广告中加入一张插图或许能更加吸睛，让回报更丰厚。于是，他把版面扩大了50%，插入了一行小鸡的轮廓剪影。插图的确让广告变得更引人注目，但广告回执成本也相应增加了50%。每增加一张插图，广告成本就增加50%，销售额却并没有增长。

这位广告主由此认识到，孵化器的买家都是注重实际的人，比起漂亮的图片，他们更想看到的是优厚的报价和优质的产品。

现实中存在太多结果未经追踪的广告，超过一半的广告费用耗费在某些人的突发奇想上，最终却没带来更多的回报。而这样的广告竟然还可能年复一年地持续存在。

如果邮购广告想要达成即时销售，那就必须讲述一个完整的故事，篇幅不是限制因素。大家要记住一句话："说得越多，卖得越多。" 我所知的广告活动无不印证了这一点。

不同广告主对文案篇幅长度的选择并不相同。诚然，篇幅再短也足够呈现一个合理的故事，但篇幅更长的广告会带来更多的回报。**一般来说，文案篇幅扩大几倍，回报也会扩大几倍，有时甚至还会有超额收益，但前提是，增加的篇幅确实得到了妥善利用。** 如果只是增加版面而没有增加内容，那么提高的终究只有成本罢了，这一点已被广泛证明。

来看看米德自行车公司的广告，那是一个典型的邮购广告。广告发布多年来没有做任何改动。米德先生曾明确地向我表示，除非修改广告能产生1万美元以上的增收，否则他一个字也不会改。

多年来，他将诸多广告进行比较，如今呈现在大家眼前的就是多重比较得到的最佳结果。他使用的图片、标题、空间的合理规划以及小号字体，几乎称得上是一条邮购广告能达到的最高水平了。

除此之外，其他历史悠久的邮购广告也一样。广告中的各种要素、用词以及插图都堪称典范。或许你并不喜欢这些广告，对它们有诸多想法，比如可能会觉得它们不够有吸引力，版面拥挤，可读性不强。但不可否认的是，结果已经证明这些广告是该领域能找到的最好的推销手段，而且一定能带来丰厚的回报。

诚然，只要你愿意，你也可以通过研究其他广告来得到同样的启示。但邮购广告无疑是标杆，它代表了最高水准。邮购广告在更为困难的条件下实现了产品销售。比起吸引消费者到实体店消费，获得邮购订单、让人们购买尚未亲眼所见的东西并不容易。能够做到这一点的广告必然是堪为表率的出色的广告。

但有时候，我们并不能始终贯彻邮购广告的所有原则，尽管我们知道自己应该这样做。广告主可能会施压，我们的自傲一旦冒头也可能会对决策产生影响。**毫无疑问，每一次对原则的背离**

都会增加我们的销售成本。因此，我们必须直面一个问题：我们究竟愿意为华而不实的追求付出多大的代价？

我们至少应当知道自己付出了什么，每当我们对不同广告的关键要素进行比较，总会发现越接近标准邮购广告的方案，吸引的客户越多。

这一点相当重要。仔细想想，引导客户邮购和直接从经销商处订购实质上有什么不同？为什么要采用不同的推销方式？它们本不该有差别。如果真的有差别，无非是基于两个原因，要么是广告主并不了解邮购广告的做法，因此一味盲目地做广告，要么就是他有意牺牲了部分回报以满足某种欲望。

这种让步是难免的，就像再好的建筑也难免要在美观与实用间做权衡，并且我们大多数人也确实能为自尊和自我坚持承担一定的后果。但我们应当知道自己在做什么，又要为此付出多大的代价。一旦我们的广告不能带来预期的回报，我们就应该转而继续以优秀的邮购广告为模板，尽量减少浪费。

第 5 章

用标题激发兴趣

广告和直接推销的区别主要在于人与人的接触。推销员就站在那里，他们会引起顾客们的注意，你不可能完全无视他们，但广告则可能被无视。

推销员可能犯的错误是把大量时间浪费在那些他永远也不可能激发起兴趣的顾客身上，他无法精准地区分。但广告不同，只有感兴趣的读者才会阅读广告，并根据自己的意志解读广告中的表达。**广告标题的目的就在于挑选出对产品感兴趣的人。打个比方，当你想与人群中的某人交谈时，你开口第一句一定是"嘿，比尔·琼斯！"，这样才能引起目标人物的注意。**

广告也是如此。你的产品只会引起某些人的兴趣，而且是出于特定的原因。你能做的就是关注这些人，然后构思一个能吸引他们的标题。也许一个指向性不那么明确的标题，或是别出心裁的言论能吸引更多的人，但这些标题中包含的许多信息与你的产品无关，你的潜在客户可能永远不会意识到广告指向的是他们想要的东西。

广告标题和新闻标题的作用相似。没有人会把整张报纸从头看到尾，大多数人只对报纸中的某些内容感兴趣，可能是财经、政治、社会版，也可能是烹饪或体育版。任何报纸中总有某些部分是我们根本不会浏览的，但也许恰恰有人一翻开报纸就直奔这些内容而来。

我们通过标题挑选想要阅读的内容，自然不希望它们具有误导性。标题写作是最重要的新闻艺术之一，好的标题能成功激发阅读兴趣，反之也能让读者丧失兴趣。

比如报纸上刊登了一篇报道，说某位女士是全城最美的女人，那么这篇报道势必引起那位女士及其身边人的极大兴趣。但如果报道被冠以"埃及心理学"的标题，那么无论是这位女士还是她的朋友都不会阅读。

广告也是如此。有人认为大众从不阅读广告，这当然是大错特错。在广告上投入数百万美元，并对收益进行跟踪后，我们惊讶地发现，自己的广告竟有那么多读者。调查结果一次次地显示，20%的报纸读者曾剪下广告中的优惠券。

但人们阅读广告并不是为了娱乐。他们不会读那些乍一看就不感兴趣的广告。男人不可能关心女装双页广告，而女人也同样对剃须膏广告兴味索然。**广告人必须要记住，人们的时间宝贵，那些值得发展的潜在客户有太多事要做，阅读时间并不多。他们**

对自己花钱买的书报尚且不会仔细阅读，其中 3/4 的内容都是一带而过，更遑论广告。对于广告中的长篇大论，除非能让他们一看标题就觉得值得花时间阅读，否则他们一定会无视。

人们无法容忍乏味的阅读。他们或许可以在餐桌上礼貌地听别人无休止地吹嘘自己的魅力或是人生经历。但在阅读时，他们会自主挑选能让他们感到快乐或受益匪浅的主题和文章。人们都想要物美价廉、方便省心、优质好用的产品。或许杂志中确有比其他文章更让人们感兴趣的产品广告，但如果广告标题或插图未能引起其注意，他们就永远也不会发现。

当我创作广告时，花在标题上的时间远远超过花在其他部分的时间。我经常为了拟一个合适的标题花上几个小时，并且在确定最合适的标题之前，常常会设计出无数个备选项。这是因为广告的所有回报都有赖于目标受众的关注。如果没有人关注，那么再好的推销技巧也无用武之地。

不同标题的巨大差异可以通过本书大力提倡的"结果追踪"展现出来。同样的广告如果采用不同的标题，其回报可能天差地别。仅对标题稍做修改就能增收 5~10 倍，这种情况并不少见。 所以我们必须对不同标题进行比较，直至找到最赚钱的一种，当然不同产品适用的标题类型也不同。

我有时会面对同一产品的近 2000 条不同标题的调查结果。这些广告在内容上几乎相同，但回报因标题的不同而大相径庭。经过大量对比后，标题的优劣自然会显现，这样一来我们就能找到最好的标题了。

某些产品的用途并不是单一的，比如牙膏既能美白牙齿，又能防治牙病，还能保持清洁，那么我们就要学会找到大多数读者最关注的亮点。但这并不意味着我们要忽略其他要素。也许相较于主推点，其他要素只能带来一半的回报，但只要能带来盈利，我们就不能错过。不过我们还是需要知道，我们的广告标题究竟以何种方式吸引了哪些群体。

正因如此，我们投放了大量不同的广告。假设我们在20家杂志上刊登广告，那么我们最好也采用20种不同的广告。每本杂志在受众分布上有差异，一种广告只能吸引一部分人，我们希望通过差异化质效让尽可能多的人看到广告。

例如，对肥皂广告来说，"持久清洁"这个标题太过普通，并没有什么吸引力，"不含动物脂肪"也一样。如果选择"轻盈润滑"为标题可能就稍有吸引力，但如果选择一个描述美容护肤效果的标题则可能会吸引成倍的人。

如果一款汽车广告的标题中提到该汽车使用了品质极好的万向接头，那么这个广告基本会反应平平，因为很少有买家关注这一点。但如果同样的广告冠以的标题是"汽车性能领军者"，吸引的关注量可能是其他标题的50倍。

这足以说明标题的重要性，任何一个研究广告的人都会惊异于其中的差别。事实证明，我们作为广告人，自己最心仪的往往不是大众最欢迎的，因为我们掌握的数据有限，还不足以准确判断大众的整体偏好。因此，我们需要通过测试了解每种标题的效果。

但任何测试都有其内在原则。你的广告可能面向数百万人，其中或多或少有你希望能引起其兴趣的群体。请牢牢抓住他们的心，引起他们的共鸣。

如果你为紧身内衣做广告，那么男性和儿童就不会是你的目标受众；如果你为香烟做广告，那么只有吸烟者才是你需要关注的群体。同样的道理，剃须刀不会吸引女性，腮红也不会吸引男性。

千万不要认为这数百万人会认真阅读你的广告，然后确定产品是否吸引到自己。他们顶多会扫一眼你的标题或是插图，然后立刻做出决定。请认真对待你的目标受众，把关注点集中在他们身上。

第 6 章

永恒的消费者心理

有能力的广告人必然要懂心理学,而且越多越好。他需要了解某种特定效果会引发何种特定反应,并学会借此增加收益、减少错误。

人性是永恒的。从很多方面看,现今与恺撒时代相比,人性在本质上并无不同。所以,心理学原理也是固定且恒久不变的,你学到的知识不会过时。

我们知道,好奇心是人类最强大的驱动力之一,那么我们就充分利用它。膨化小麦和膨化大米的成功很大程度就有赖于大众的好奇心。"谷物体积膨胀 8 倍""从枪里发射的食物""单粒谷物内部的 1.25 亿次大爆炸",在这些亮点被发现之前,这些产品都未获得成功。

我们知道,低价算不上很有吸引力的诉求点,因为美国人大多奢侈铺张,他们虽然享受讨价还价的感觉,却瞧不上廉价商品。

他们想让别人认为，在吃穿用度上他们都能负担得起最好的。如果你把他们当成没钱买好东西的人，他们就会心生不满。

我们知道，人们主要通过价格来判断价值，毕竟大多数人都不是行家里手。英国国家美术馆有一幅价值75万美元的藏画，大多数人初见此画都只是匆匆一瞥，也不觉得特别。但他们在目录中进一步了解到画的价格后，他们一定会折回去细细观赏。

某年复活节期间，一家百货公司为一顶价值1000美元的帽子大作宣传，结果前来欣赏帽子的客人把店内挤得水泄不通。

我们经常利用人们的这种心理。假设我们正在为一个配方做广告，仅仅说它很有价值并不会给人留下什么印象。但如果我们据实告诉大家，我们花了10万美元才买到那个配方，那么一定会立刻引起高度重视。

许多商品在出售时都会找人背书，这种做法已经相当普遍，很难再让人印象深刻。但还是有一家公司通过提供经销商签署的书面担保大赚了一笔。经销商向所有客户保证，如果客户对产品不满意，经销商会全额退款。对于广大消费者而言，做出保证的不是远在天边的陌生人，而是他们身边实实在在的人。于是，许多广告人都开始尝试这种方式，并且都取得了不错的成果。

许多人会在广告中告诉顾客，商品购买一周内如不满意，保证立即退款。于是有人在此基础上想到可以让客户在无须支付定金的情况下先试用，如果满意，一个星期后再付款。事实证明，后者会给人留下更深刻的印象。一位优秀的广告人曾生动地描述了两种方法的区别：如果同时有两个人向我推销一匹小马，价格等条件均相似，两匹马儿都温驯乖巧，小孩子也能骑。一个人对我说："你可以试骑一星期，如果马儿不像我说的那么好，我就把钱退给你。"另一个人说："试骑一星期，要是觉得好，到时候再付钱。"那么我自然会选择买第二个人的马。

现在有无数的产品，比如雪茄、打字机、洗衣机、书籍等，都是以这样的方式卖出的。从结果来看，人们基本都是诚信的，所以商家也几乎不会因为后收款而遭受损失。

有一位销售商业类书籍的广告主发现自己的广告并没有盈利，于是他咨询了一位专家。他原本的广告已经足够令人印象深刻，出售的书籍看起来也很吸引人。"不过，我们可以再加一些亮点，"那位专家说，"我们可以把客户的名字用烫金工艺印在每本书上，我以前就这么做过，效果很不错。"那位广告主照做了，广告几乎没有其他任何改动，但一下子就卖出了数十万本书。我们发现烫金的名字能够使书籍大大增值，这正是探究人类心理偏好的结果。

很多人向客户或潜在客户赠送备忘录等小礼物，但效果并不理想。一位广告主与他们不同，他给潜在客户们寄了一封信，大意是他为每位顾客准备了一本皮面笔记本，上面印着客户的名字。任何客户只要回信，并填写随信寄来的需求调查表，他就会立刻把笔记本寄给顾客。结果，几乎所有人都回信了，并且在调查表上填写了相关的需求信息和个人信息。这些信息能够帮助广告主确定客户需要怎样的产品。当一个人知道自己能够得到某样东西，尤其是这件东西上还印着他的名字时，他一定会努力尝试得到它，即便这件东西可能很不起眼。

同样，**面向某一特定群体的承诺比一般化的承诺更有效**。例如，如果广告只面向退伍军人、某一组织团体、教派成员或企业高管，那么这些拥有特殊优势的人将尽力保住自己的优势。

有位深受同类竞品之苦的广告主常在广告中提到"小心山寨货""不要买错品牌"，但这种只考虑自我利益的诉求对大众无用。后来他改变策略，在标题中写"欢迎尝试竞争产品"，他大方邀请人们进行比较，说明他并不害怕比较，这一做法立刻扭转了局面。消费者们会认真考量这个具有显著优势的品牌，因为它的生产者无惧比较。

有两家食品厂商，它们的产品几乎一模一样，并且都为顾客免费提供一袋试用装，但方式有所不同：一家直接赠送；另一家替顾客买单，顾客凭优惠券可在任何一家商店兑换产品，由厂商按零售价向经销商支付款项。

最终后者大获成功，前者却彻底失败了。前者甚至失去了很多原有的市场份额。免费赠送的价值15美分的试用装使得产品在顾客心中的价值下滑，你很难让人们为曾经免费的产品付费。这就好比让一个用惯了通行证坐火车的人花钱买票一样难。

与此形成对比的是，后者通过向经销商支付价款并让顾客试用的方法提升了产品在顾客心中的价值，他们会认为一种让生产者也愿意购买的产品必然也值得消费者购买。花 15 美分让你试用和简单粗暴地告诉你"它是免费的",两者截然不同。

派发试用品也是如此。**顾客绝不会重视一件自己不需要的赠品,也没有兴致挖掘它的优点。但如果能让顾客在看完广告后主动索要样品,情况就大不相同了**。一旦顾客行动,就说明他们明白了产品的优势并且大为心动,现在想亲自试试。

心理作用的应用非常广泛。如果有 5 件类似的产品供 5 位顾客挑选,他们大概率不会选择同一件产品。但如果你针对某件产品着重指出其值得注意的优点,那么每个人都会加以关注,最后很可能都会选择这一件产品。

既然人们的情绪会受心理作用影响,那么必然也可以利用心理作用让他们对特定品牌产生偏好。对某些产品来说,这就是赢得顾客青睐的唯一方法。有两家相邻的时装公司都以分期付款的方式出售女装。他们的目标客户是那些想穿好衣服却经济拮据的女性。其中一家只把这些客户当成可怜的穷姑娘,提出了正常的分期条件;另一家则专门聘请了一位女性代言人出现在广告中,这是一位如母亲般慈爱、端庄又能干的女性长者。公司以她的名义经营,她的照片出现在广告中,所有的信件和广告都由她署名。她像朋友一样给这些女孩写信,内容大意是她非常清楚对于一个女孩来说,不能穿心仪的衣服意味着什么。长期以来,她一直希望能有机会为女性同胞提供最好的衣服,并让她们有充足的时间分期付款。现在,在赞助者的支持下她终于有能力做到了。

这两种模式的效果根本不可相提并论。前一家服装公司虽然历史更悠久，但没过多久就关门大吉了。

这位女士受雇的时装公司背后的老板是一家分期付款出售家具的家装店。对于家装店来说，如果不加选择地发放商品目录，效果一定不会太理想，但如果能为顾客提供长期信贷，应当能取得不错的效果。

于是，对于在女装店消费过并如期付款的每位客户，家装店都会给他们写这样一封信，大意是"女装店的XX太太告诉我们，您是她的优质客户，她说您一直非常讲信用，因此我们已为您在本公司开立了信用账户，只要您愿意随时都可以使用。如果您需要家具就请下单吧，无须任何预付款，我们很愿意把货物无条件寄给像您这样信誉有保证的客户"，这当然是奉承。但收信人真的需要购买家具时，他们就会从那家公司订购产品。

心理学知识博大精深，有些人生来就懂得，有的人从自己的经验中习得，但绝大部分人还是从别人那里学到的。当我们看到一个有效的方法时就应当把它记下来，以便在需要时加以应用。这非常重要，同样的报价以不同的方式提出，可能收益翻倍。在商业经验的宝库中，我们必须设法找到最好的方法。

第 7 章

采用具体化表述

广告诉求如果尽是陈词滥调或泛泛之谈,那么它对人的影响就好比浮光掠影般稍纵即逝,不会留下任何痕迹。"世界第一""史上最低价"等用词充其量只是人们意料当中的话,并且这种夸张的说法通常是有害的。它们表明你用词随意、夸大其词,并没有如实反映真实情况,这会导致读者对你所做的任何表述都不以为然。

人们认为推销用语在一定程度上必然带有夸大的成分,这就像诗歌必然是夸张而浪漫的。很多广告中会用到"品质超群"这样的描述,尽管其他品牌的产品可能也一样优秀,但这不算撒谎。大家能够理解销售人员希望展现最好的一面,也能原谅他们出于职业热情而做的夸大。但也正因如此,空泛的表达并不会有太多说服力。如果有人特别喜欢用"超级"这样的极限词,就应该预料到大家会对他的话格外谨慎。

但如果一个人采用的是具体化的表述，那么他要么在讲大实话，要么就在全盘编织谎言。人们普遍认为广告主不会撒谎，他们也知道广告主不可能在有影响力的媒体上公开撒谎。人们之所以越来越重视广告，就是因为其真实性日益增强。

因此，明确的表述会被广泛接受，实际的数字也会被认真看待，具体明确的事实一定能充分发挥其重要性和有效性。

这一点无论对广告推销还是人员推销都很重要。**具体的事实能增强论点的分量。**如果简单说某种钨丝灯的亮度强于碳丝灯，人们可能会怀疑；但如果你用数字说明（比如前者的亮度是后者的3.33倍），那么人们就会认为你已经进行了测试比较。如果经销商说"我们降低了价格"，人们不会留意；但如果他说"我们的价格下降了25%"，那么一定会充分发挥作用。曾有一位以中低收入群体为目标客户的邮购女装广告主，多年来一直以"全美最低价"为宣传亮点，并逐步被越来越多的竞争对手模仿。于是，他必须始终保证价格低于其他经销商，但他的竞争对手也在这样做。很快，这类广告词在行业内就变得相当常见了。

后来，有人建议他把广告词改为"我们的净利润为3%"。这是个相当明智的做法，因为准确的数字与确切的说明能给人留下非常深刻的印象。考虑到他的公司体量在业内数一数二，人们普遍认为3%已经是最低利润率水平，而基于此的定价必然也是最低价。因而第二年，该公司业务实现了大幅增长。

曾经有段时间，人们普遍认为汽车行业属于暴利行业。一位广告主听取别人的建议，打出了"利润9%"的口号，同时他详细列明了售价1500美元的车的成本构成，发现即便不考虑车身、配饰等显而易见的部分，光是车的内部零件成本就高达735美元。凭借此举，这位广告主取得了巨大成功。

长期以来，剃须膏广告中最常用到的宣传词就是"泡沫丰富""滋润不拔干""起效极快"等，这些话几乎出现在每个广告中。因此并没有哪家特定企业能在广告上脱颖而出。

然后，有一家新企业进入了该领域。这家企业所面对的是一个早已被瓜分完毕的市场，因此他每争取一位客户都需要经历无比激烈的竞争。与对手们不同，他用"起泡后体积增长250倍""软化胡须仅需1分钟""泡沫停留超过10分钟""130种配方测试比较后的最终成果"等具体化的表述代替了笼统的表述，最终取得了成功。恐怕没有哪家企业能在竞争如此激烈的领域取得更大、更迅速的成功了。

安全剃刀厂商一直以快速剃须为宣传点，其中一家厂商在广告中打出了"78秒剃须"的口号，这就非常明确地向消费者表明产品已经过准确测试。这家厂商的销售额随即大涨。

过去，所有的啤酒广告都会把"纯"这个字放在最显眼的位置，但并没有给人留下深刻印象。巨大的字不仅没起什么作用，反而显得很愚蠢。在为常规宣传花费数百万美元之后，一位酿酒商做出了改变。他在广告中刊登了一间玻璃房的照片，就是在那里，啤酒在经过过滤的纯净空气中进行冷却。他还展示了一个装有白木浆的过滤器的照片，这是用于过滤啤酒的器具。他在广告中讲述了瓶子由机器深度清洗 4 次的过程；如何从 1200 米深的地下汲取纯净水源；如何经过 1018 次实验，最终研制出一种能赋予啤酒独一无二口味的酵母，以及这块原生酵母如何"孕育"出其他用于啤酒生产的酵母。其实他所说的一切都是再普通不过的酿酒工艺，所有厂商都这么做，并且只要愿意，所有人都可以做这样的宣传。但他是第一个向人们讲述这些故事的人，而其他人则只是空喊着"纯酿"的口号，这让他创造了啤酒广告史上空前巨大的成功。

"风靡全球"是一种弹性空间很大的用词，后来有一位广告主将其具化为"使用者遍布全球 52 个国家"，被很多人效仿。

篇幅接近的广告也许会因为表达方式的不同而产生不同的效果，明确的表达或许能让广告的影响扩大数倍。这种差别是巨大的，因此一旦找到有吸引力的亮点，就必须用最令人印象深刻的方式加以宣传。

我们必须认真研究这些影响。**纸面广告成本相当高，文案中的每个词可能都要花费 10 美元**。推销人员偶尔讲些不着边际的话无伤大雅，但当你斥巨资投放面向数百万人的广告时，有分量的表达就格外重要。泛泛之谈绝不会有什么作用，它就像当你问候别人"身体还好吗"时，你并非真想询问对方的健康状况。但是，在广告中每一句明确具体的说明，消费者都会按字面意思认真对待。

第 8 章

讲述完整的故事

不论你选择何种卖点吸引大众的注意，广告都应该讲述一个相对完整的故事。如果留心这些卖点的实际效果，你会发现某些卖点的说服力的确远超其他，但无论如何，拥有多重卖点必定能吸引更多人。因此，你就要在针对目标群体的每一份广告中涵盖全部的卖点。

有些广告主为了追求简洁，会选择在广告中一次只呈现一个卖点，抑或是以连载广告的方式将部分卖点留给后续的广告。再没有比这更愚蠢的做法了，人们很难将这些广告内容联系在一起。

因此，**当你成功引起客户注意时，必须抓住机会实现你想达成的所有目标**，将产品方方面面的亮点全部展现。这个点吸引一些人，那个点又吸引另外一些人，漏掉其中任何一个都可能造成潜在客户的流失。

对于任何产品，人们都不习惯阅读连载广告，他们愿意这样做的概率甚至比把同样的新闻或杂志故事读两遍还小。人们看一次广告就会决定是否要购买，所以只要你有机会抓住读者，就要把所有亮点都展现给他们。

优秀的广告主都会这么做，他们会对卖点的效果进行测试、比较，最终逐渐积累一系列可用的宣传亮点，所有这些都被用在后续的每一条广告上。

对于有一定广告阅读量的人来说，这些广告似乎有点儿无聊，情节大同小异。但我们必须认识到，普通读者可能只会给你的广告一次机会，一旦你在广告中遗漏了重要内容，你可能就再也没有机会让他知晓了。

有些广告主甚至从不改变他们的广告内容。同样的邮购广告经常年复一年地重复发布，收益并没有因此减少。常规广告基本也是如此，它们已被打磨得近乎完美，以最恰当的方式涵盖了想要表达的全部产品亮点。广告主从不奢望顾客会再次阅读自己的广告，持续性收益需要靠发掘新客户来实现。因此，他们唯一要考虑的就是如何赢得新客户。

已经购买产品的客户不会再关心你的广告，因为他们早已完成阅读并做了决定。即便你连着几个月在广告中说卖给他们的产品有毒，他们也不会知道。因此，**不要为了向现有客户展现什么而浪费哪怕一行字的版面，除非这些内容在标题中就能说清楚。时刻牢记：你要争取的是尚未使用广告产品的潜在顾客。**凡愿意阅读广告的人都对你感兴趣，否则他们绝不会花时间看广告。既然你面对的都是愿意听你推销的人，那么就必须竭尽全力。如果这个机会没有把握住，你就可能永远失去这位宝贵的客户。

我们广告人就是推销员，只是身处于忙碌的办公室而已。我们或许会一次次地试图进入客户的家，但也可能永远被拒之门外。如果你获得了进入房子向客户推销的机会，并且只有一次机会，当然要充分利用。

这就再一次涉及语言简洁性的问题。你最常听到的说法可能是人们不怎么阅读广告，但大量事实证明，人们很愿意认真阅读优秀的广告。阅读过后，他们可能还会来信询问更多的信息。在简洁性的问题上，并没有什么明确的规定。比如对于口香糖、麦乳等产品，也许一句话就能讲清楚一个完整的故事。然而，**无论篇幅长短，广告故事必须完整**。

曾经有一位男士非常想买一辆私家车，他不在意价格，但要求这辆车必须能让他有面子，否则他永远也不会开车出门。同时，他也是个精明的商人，力求物有所值。

他对劳斯莱斯颇为青睐，当然也考虑过诸如皮尔斯银箭、洛克莫比尔等品牌。但这些汽车公司的广告并没有给他太多信息，他们的广告都太短了。显然，这些厂商认为在广告中夸耀自己的优势有失体面。

马蒙公司却与众不同，他们的广告讲述了一个完整的故事。这位先生在阅读了很多关于它的书和文章之后，下单购买了一辆马蒙，并且从不后悔这个决定。后来他又了解到另一款车，价格是马蒙的3倍。如果那辆车也能在广告中让他了解足够的信息，他恐怕早就下单了。

汽车广告中，如果只强调品牌名再随便加上一些通用的宣传语，那实在愚蠢。汽车对很多人来说是极为重要的开支，说是影响人生的投资也不为过。因此，如果一个人想买一辆车，他必定愿意阅读关于汽车的资料，只要内容能吸引到他，他就会不厌其烦地读下去。

这一点适用于所有产品。也许你正尝试用广告宣传让一位女性放弃多年来已经习惯了的特定品牌的早餐、牙膏或肥皂，转而使用你的品牌，这相当困难。如果你不相信，你大可以找她，然后当面劝说，看看这事儿的难度到底有多大。但注意，你要达到的目的不仅是让这位女性出于对你的体谅购买一份产品，而是要让她真正接受你所推荐的品牌。

一个有了上门推销经验的广告人绝不会再坚持广告一定要简短的观点。他不会再认为三言两语就足够，也不会在广告中只列出品牌名称，或是只用上一个小小的卖点，抑或是做些自我吹嘘。

那些对广告效果进行过追踪调查的人也是如此。他们会明白简短的广告根本不会被人关注，任何一个值得被追踪的广告都讲述了完整的故事，尽管篇幅会很长，但这一切都是有价值的。

永远不要用不追踪结果的广告作为指导；永远不要根据某些不知内情的广告主说的内容决定自己的行为；永远不要盲目尝试新的道路；要把公认正确的原则应用于广告，而不要轻信任何人所谓的经验之道，或是屈从于他们的主观臆断，也许他们根本不了解自己广告的效果。

第 9 章

广告中的图片应用

在广告中使用插图是非常奢侈的事，不仅因为优秀美术作品本身需要高额的授权使用费，还有版面占用产生的成本。但插图又很重要，广告成功与否，插图的作用占一半。

任何昂贵的东西如果没有实效就等于极大的浪费，因此艺术表现对广告来说极其重要。在确定是否使用图片时，切忌只凭其本身是否有趣做判断，也不可只为了吸引他人或装饰广告就这么做，个中缘由我已在其他部分详细说明过。

广告写作的目的不是吸引、取悦或娱乐大众，它应当以"消费支出"这个严肃的话题为内核，并且将受众范围限定在经过筛选的少数群体。图片应该用来吸引那些可能让你获利的人，并且只有当其宣传效果优于同等版面的文字阐述时才值得被使用。

邮购广告已经在图片使用上形成了一套科学的准则。这些广告有的用大图，有的用小图，有的完全不用图片。但无论如何，值得注意的是，它们均未使用价格昂贵的美术名作，他们只有在确保图片能带来明显成效时才会将之用于广告。其他行业的广告主也应秉持同样的准则，如果所在行业还没有现成可用的准则，他就应该通过测试进行自我总结，而不是在结果不明的情况下贸然支出一大笔钱。

在很多产品广告中，图片已经成为一个主要元素。这里抛开产品本身就需要匹配照片说明的行业不提，在很多产品广告中，图片已被证实是最具说服力的元素，如箭牌领饰和其他服饰类广告。

这些图片不仅展示了领饰和衣服的样子，还有身处华丽陈设之间的令人羡慕的型男。图片巧妙地传递了一种信息：这些服饰能助你像照片里的男人一样获得成功。

函授学校也是如此，他们的广告基于调查结果设计，其中展现的已经身居高位或正在步步高升的人无疑是最能让人信服的证据。

还有美容类产品广告也一样。向顾客们展现魅力十足又受人仰慕的女性形象固然已经极具诱惑力，画面上如果再多加一个被迷倒的男人，效果一定会更好。女为悦己者容，女性追求美丽很大程度上是为了吸引异性。那么广告就要向她们展示如何像现实生活中的很多女人那样，利用自己的美丽获得最大的影响力。

广告图片不可猎奇，也不可以过于轻浮。不要为了一些轻率的尝试而让别人看轻你或你的产品，没有人愿意和一个小丑做生

意。生意和家庭是绝对不能拿来开玩笑的两件事。一些奇奇怪怪的插图可能会对生意造成很大的伤害，就好比小丑帽可以吸引众人关注，但同时也可能毁掉产品的销售前景。

一张过于新奇的照片会分散受众对广告主旨的注意力，这种做法绝对是大忌。要记住，你的主要卖点都要在标题中表现，一旦其光芒被掩盖，整个标题就毫无意义了。千万不要为了追求广泛而无用的关注而牺牲真正需要的东西。

千万不要模仿那些身着奇装异服的推销员，他们吸引的那一小部分人通常都不会是买家，因为大部分理智勤俭的优质客户从心底里反感浮夸的推销员。所以，如果你想得到客户的信任和长久的支持，就一定要以正常的面貌面对顾客。

当然，艺术表达不能用笼统的原则完全概括，大多数原则都有例外，每一条都需要进行单独研究。**但是有一个原则是不变的，那就是图片必须有助于商品销售。只有在图片使用效果优于同等成本的其他方式时，才可选用图片。**

许多图片都比文字更能说明问题。比如在膨化谷物广告中，图片就是最能引起人们好奇心的手段。在这种情况下，任何数据结论都无法与谷物颗粒的冲击性相提并论。

但也有些图片起到的作用完全相反，这样的例子我们提到过不少。和绝大部分问题一样，了解图片效果的唯一方法就是结果比较。关于美术作品在广告中的应用确实有不少争议，接下来我将客观引述这些问题而不予表达个人观点。不过，由于适用的产品不同，问题的答案似乎的确存在两面性。

第一，使用精美的美术作品和使用普通图片相比，效果更好吗？某些广告主为每幅图片支付的费用高达 2000 美元，他们之所以愿意花费这么多钱是因为与高昂的版面成本相比图片似乎不算太贵，他们认为在同等投入下，图片能创造最大的收益。但也有不少人认为接受过艺术熏陶、具有艺术鉴赏力的顾客终究是极少数，因此无须予以特别关注。邮购广告主就是典型代表，他们也的确以极小的成本证明了这一观点。当然，这只是个小问题。优秀的作品当然比平庸的作品更能创收，并且广告设计的成本与最终的投放成本相比也是九牛一毛。

第二，是每个广告都应该使用全新的图片，还是可重复使用以前的图片，这两种观点都有许多支持者。支持重复使用很可能是出于经济性的考虑。我们做广告的目的是寻找新客户，他们几乎不可能记得我们以往用过什么图片，即便真的记得，重复也无伤大雅。

第三，彩色照片一定比黑白照片效果更好吗？从目前得到的证据来看，答案基本是否定的。不过也有例外，比如彩色照片呈现的菜肴看起来就明显好于黑白照片。对柑橘、甜点等食品广告的效果测试表明，使用彩色照片确实非常有必要，因为这样等于把食品直接做了现场展示。但如果彩色照片只是用来取悦或吸引他人，那么就和我们反复提到的无意义的方法没什么不同了。它或许能吸引很多人，但不能确保这些人都是需要我们产品的潜在客户。在这一点上，美术作品使用的基本准则仍然适用。不要仅仅为了有趣或者为了取悦、吸引他人就做某件事。那不是你该关心的，你的职责就是以最低成本达成应该争取的目标。不过这都是小问题，它们仅仅是出于成本节省的考虑，并不会对效果有太大影响。

你做的某些努力可能事倍功半，但某些也可能事半功倍。与基本原则相比，成本上的微小差异实在无关紧要。有的人只能在简陋的小屋里做生意，有的人却可以在华丽的宫殿里做生意，但这不是实质差别。真正重要的是，谁能使收益最大化。

第 10 章

不做没有结果的尝试

广告中有许多手段并非不可行,但因为成本过高而无法实施。这也是为什么每个项目和方法都必须根据已知的成本收益数据进行权衡后做出决定。

改变人们的习惯代价高昂,凡涉及这一点的项目都要慎重考虑。如果要向某些人出售剃须皂,可能首先要改变他们蓄须的习惯,由此付出的成本必然很高。尽管如此,还是有无数广告主想要挑战不可能,只因他们没有对上述问题进行慎重考虑,也没有对广告的最终结果进行跟踪考量。

例如,有些牙膏制造企业会花费大量版面和预算帮助客户养成刷牙的习惯。测试结果显示,要达到这一效果,最终分摊到每位客户的成本可能高达 20~25 美元。这不仅因为广告本身难度很大,更重要的是真正关注牙膏广告的基本还是已经养成刷牙习惯的人。

这样的代价是不可想象的，有些广告主可能做一辈子生意都收不回这么高的成本。我想制造商们一旦通过测试得知这些事实，就不会再试图培养客户养成刷牙的习惯了。这些事纵然耗费大把金钱也未必能做成，更别指望在有限的预算内能够实现了。因此，没有一个广告会以此为目标，而这位以广告结果为指导的广告主不断调整方向，终于取得了非凡的成功。

另一家牙膏制造企业花了很多钱鼓励人们使用牙刷。这样的做法在目的上值得赞扬，但在效果上没能给他带来什么好处。由他创造的新需求被其他竞争对手瓜分殆尽，他却还为自己的投入与产出不匹配的问题疑惑不解。

一位广告主曾花了很多钱向人们宣传食用燕麦片的好处，但收效甚微。作为声誉卓著的老牌儿童食品，燕麦片有着悠久的历史，可谓家喻户晓，其功效早已被医学界认可并推崇多年。因此，到了如今仍不愿意接受燕麦片的人是几乎不可能做出改变的，这是光靠广告无法完成的任务。退一万步讲，即便真的有微末成效，为此付出的成本也必然远超一切可能的回报。

很多广告主对此心知肚明并甘愿接受现状，因此他们不会把所有广告用于挑战这种不可能实现的目标。但很多人还是不死心，依旧会匀出一部分篇幅做些没有结果的尝试。与全盘投入相比，这么做尽管付出的代价变小了，但行为的本质依旧没有改变，这绝不是明智的经商之道。

没有哪个柑橘或葡萄种植园主会试图凭一己之力增加这些水

果的消费总量，因为由此产生的成本可能千倍于他能得到的回报。但如果成千上万的种植园主合力，就可以实现这件事。也就是说，诸多食品类产品的整体消费水平能够通过厂商的广泛合作实现提升并增加收益，这就是广告发展的巨大机会。

没有哪个广告主能负担得起向大众科普维生素或杀菌剂产生的费用，这应该是需要政府做的事，他们可以通过权威文章和免费栏目宣传这些事。但是，广告主们依然可以通过向已经形成观念的客户宣传并满足他们的需求，从而取得巨大的成功。

观察流行趋势并挖掘由此产生的需求，然后在适当时机提供服务去满足需求，这才是最聪明的做法。这种做法在酵母菌和许多消毒剂产品上都有过实践。

每年的潮流趋势都会派生诸多新生事物及需求，这是我们需要着眼的，但如果要独立创造全新的时尚、品味和影响力，并且与所在领域的所有人分享，情况就完全不同了。

我们知道有很多产品，例如大金液体杀菌剂是全美一半的家庭都会购买的，但每位客户的单位购买量不高，小小一瓶仅1.5美元的杀菌剂就能用几年。每位客户在10年内创造的收益甚至无法抵消商家为此花费的成本。

这类"一次性产品"的邮购广告无论多受欢迎，都很难将单位成本控制在2.5美元以内。我们可据此合理假设，经销商销售同类产品的成本也大致相当，这是我们必须考虑的问题。诚然，现有的客户确实可能会带来新客户，但如果真去追踪这类广告的效果，那么现行运作的很多广告都会被一票否决。

如果盲目依照错误概念行事，其结果必然是犯下代价高昂的错误。比如你有一件目标产品，它有许多功效，其一就是预防疾病。这种功效非常重要，却不是人们愿意重视的内容。大家宁愿等问题发生后花大量精力解决，而很少愿意防患于未然，许多失败的广告已经证明了这一点的正确性。

有些人会花很多钱用于宣传预防疾病的重要性，但事实上如果重点放在其他卖点上，可能会带来数倍的收益。着力于不同卖点的标题在效果上可能相差10倍，广告主们只有认识到这一点，才不会跑偏得太远。

某种牙膏可能兼具预防蛀牙和美白牙齿的功能。但事实证明后者远比前者更能吸引客户。成功的牙膏制造商绝不会把牙病名称放在标题中，因为他们通过试验了解到这会令顾客感到不快。但是，他们的某些同行却在标题中对牙病大书特书，那完全是因为他们不了解广告效果，也不做比较。

再比如，有一种肥皂既可以治疗湿疹，又可以美白肌肤。如果对治疗湿疹的功效进行宣传，只能吸引1%的人；但如果对美白功效进行宣传，那么几乎所有人都会被吸引。并且，提到对湿疹的治疗功效甚至可能有损于对其美白功能的宣传。

有位商人有一种治疗哮喘的药，药的销量很好，让他获利颇丰，因此这位商人开始考虑为这种药打广告。

关于这个问题，我们首先要考虑的是哮喘患者群体到底占比多少。我们没有统计过数字，或许那些挨家挨户推销的商贩会发现哮喘患者在总人口中所占比重大约只有1%。

如果真是这样，那么就意味着他的广告必须吸引100个人来阅读才能找到一个真正有价值的读者。假设另一种产品的受众群体在总人口中占比20%，那么哮喘药的广告成本就是这种产品的20倍。过高的成本对广告主来说是灾难，因此，每位刚进入行业的广告主都应进行相关的咨询，任何考虑广告收益的人都不会建议他进行这样的冒险。

某些卖点也许不会被消费者普遍认可，因而不足以成为主流，但这些诉求仍然值得关注，因为它们对特定群体仍有一定的影响力，也许能占到潜在客户的1/4。或许各位应当考虑在一定比例的广告标题中强调这些卖点，并且在每个广告中都对其有所体现。但到底是否这样做，不能靠猜测决定，而应基于实际情况，一般可以通过结果追踪实现。

本章和前序章节一样，再次凸显了追踪结果的必要性。广告要想做到科学、安全，并实现收益最大化，离不开结果追踪。

广告界有太多从业者在跌跌撞撞、摸爬滚打中付出了沉重的代价，他们为此耗费的金钱总和恐怕已经赶得上美国国债的数额了。一大批商人在广告上遭遇重创乃至生意失败，前车之鉴让许多本可以在这一领域获利的人望而却步。但如今，知识的曙光正带领广告界走向崭新的未来。

第 11 章

尽可能搜集产品信息

广告策划人想要取得成功就必须全面了解所要推广的产品。广告公司应当留存每一种值得研究的产品的相关资料。辛勤工作的广告人常常会为了解决一个问题而花上好几周进行材料搜集研读。有时候他们或许翻遍资料也找不到几条可用的信息，但有时候或许不经意间的一个点就会成为开启成功的钥匙。

在写本章之前，我刚刚阅读了大量关于咖啡的资料，内容涉及医学等方面的知识，这是为了替一种不含咖啡因的咖啡做广告而进行的准备。在我阅读的近千份科学类文章中，只有一篇能为我的广告提供可行的思路。引起我关注的一个科学事实是，咖啡因一般在服用两小时后开始起效。因此，人们在饮用咖啡后感受到的立竿见影的振奋效果并非如他们所想来自咖啡因。去除咖啡因既不会削弱咖啡带来的振奋感，也不会有损咖啡的香醇美味，因为咖啡因本就无色无味。不含咖啡因的咖啡广告历史已久，但很多人依然认为它与普通咖啡的关系就像淡啤酒和啤酒一样。经过数周的研究后，我们才找到了广告宣传的另一种角度。

我也曾为了做牙膏广告而查阅大量枯燥无味的科学读物，终于在一本书中发现了关键性亮点。这个亮点成功为牙膏厂商赚了数百万美元，也使那个广告成了轰动一时的业界典范之一。可以说，所有看似天才的想法背后都离不开辛勤工作。不愿刻苦工作的广告人是永远不可能成功的。还有一次，为了做好一个食品广告，我们雇用了130位调查人员，耗费数周的时间专门对各个阶层的消费者进行意向调查。此外，我们也曾为了另一个广告向1.2万名医生寄发征询信件。调查问卷更是被经常应用，以了解消费者的观点。一个年薪2.5万美元的广告人，会为了完成乙炔燃气的设备广告花费数周跑遍各个农场进行调查，有的人更是坐着拖拉机完成了调查。在为剃须膏做广告之前，我们询问了上千位男性顾客关于他们对剃须膏最关注的要素。

为了做好猪肉炖黄豆罐头的广告，我们对数千个家庭挨家挨户进行了销售调查。在此之前，此类产品的广告都是基于号召客户"买我的品牌吧"的思路进行的，而销售调查结果显示，只有4%的人愿意吃猪肉炖黄豆罐头，96%的人更愿意在家自制。

由此不难看出，广告的重点问题不在于如何销售某个特定品牌的罐头食品，因为无论怎么做都顶多只能吸引4%的客户。正确的着力点应当是说服消费者不再在家里制作这道菜。广告如果没有关注到这一点就注定会失败，而一旦把握住这一关键问题，就会获得巨大的成功。我们的销售试验不仅针对家庭，同样也针对经销商展开，基于此，我们对竞争状况进行了评估。

每个为同类产品进行广告策划的创意人员都会以自己的思路选择产品亮点并进行宣传。因此我们要从准确了解竞争对手的做法入手。

我们应该格外重视收集资料，所有与广告主题相关的资料，以及来自消费者和经销商的意见和建议都应被收集起来提交给广告创意人员。

我们必须经常了解产品整体的广告支出，以及客户每年花在这种产品上的钱有多少，否则就无法确定这些客户是否值得我们付出那么多代价去争取。只有了解了客户消费总额，才能确保不会超支。

我们还应了解产品受众在总人口中的比重，数据需依照不同标准进行细分采集，比如上述比重在农村和城市就可能有所不同。广告的成本很大程度上取决于无效受众的占比。

可以说，广告活动是基于大量数据运作的。即便只是试验性的广告也要投入大量的工作和时间。

我们经常聘请药剂师来证明或驳斥某种不确定的主张。广告主一旦获得消费者的信赖，他的主张也能让大家印象深刻。如果他所言非虚，则必将成为广告的重要亮点；但如果他说了假话，必然会自食苦果，也不可能再公开出现在大型媒体上。值得注意的是，确实有不少广告主在做广告多年后被证实为虚假宣传。

准确的论点更能得到人们的信赖。因此广告人会为了得到真实的数字进行大量实验。比如，人们知道某种饮料有很高的营养价值，但这个干巴巴的论点并不是很有说服力。因此我们把饮料送到实验室，检测后发现每品脱饮料的热量是 425 卡，相当于 6 个鸡蛋。这就能给人留下更深刻的印象。

每一种与科学专业知识相关的产品广告在推出前，其内容必须经专业审查员审核。广告创作者不论掌握了多少信息，也难保其推论没有错误，因此由权威人士检查每一个广告非常有必要。

不了解内情的人会惊讶地发现，有的广告看似简单明了，但其中包含的工作竟如此之多，有时候甚至要付出几周乃至几月的时间。其背后可能是海量的数据、庞杂的信息以及累月的研究。

因此，广告业绝不是懒惰者能立足的地方。

第 12 章

广告战略中的关键问题

广告就像一场没有硝烟的战争,或者也可说像一个棋局。作为参战方,我们要去攻城略地,去抢夺别人的胜利果实。

为了赢对手,我们必须具备一定的技能和知识,我们必须接受训练、积累经验,还要配上合适的装备和充足的弹药。我们绝不可低估对手。正如上一章所述,我们要充分重视情报部门,并且也需要与经销商结盟,这一点我们在另一章中也说过。我们需要采取最有效的策略以使现有力量成倍发挥。

在创作新广告时,我们有时会遇到命名的问题。这一点至关重要。恰当的名字本身就是一条广告,足以传递完整的信息。比如碎麦片、麦乳、膨化大米、绿薄荷口香糖、棕榄皂等就属于此类。

好的名字可以带来很大的优势,因为名字是产品最先展现在大家面前的东西。许多名字已被证明是广告成功的最大因素,但也确实存在一些明显不大成功的名称,比如烤玉米片。使用这样的名字的后果就是，你创造的产品需求会被很多人瓜分。

许多没有实际意义的品牌名也能大获成功，比如柯达、卡罗、马自达等就是最好的例子。这些名字独属于始创公司，他们无须担心自己的优势为其他对手分享。

一个深入人心的名字对广告主来说是巨大的优势，能够传递产品信息的名字说是价值万金也不为过。因此在选择品牌名前，大量的调查研究非常有必要。

除此之外，产品定价也需要深思熟虑。过高的价格会引发消费者不满，从而使广告的影响范围大大缩小。在此情况下，为了获得超额利润所支付的成本将远超利润本身。

众所周知，薄利多销是实现利润最大化的最佳途径，金宝汤、棕榄皂，卡罗糖浆以及福特汽车就是典型代表。过高的定价会让很多人望而却步，比如当价格水平只能吸引10%的消费者群体时，产品销售成本必然会成倍增加。

不过对于某些产品，消费者对价格高低并不敏感。每位客户对这类产品的购买量通常很小，因此保证单位产品的高利润是厂商的必然行为。比如，人们不会在乎除鸡眼药价格多少，因为用量很少。同时，正因产品消费量小，厂商必须确保较大的利润水平才能维持正常生产。

而对某些产品来说，较高的价格甚至可能正是其诱人之处。这类产品的价值在很大程度上是按照价格来判断的。这种产品的成本比普通产品高，人们就认为它比普通产品更好。所以，价格是一个非常重要的战略因素。

综上所述，价格是产品战略确定中极其重要的问题。

竞争要素也不可忽视。你面对的竞争对手有哪些？他们在价格、质量或宣传亮点上有哪些优势？你能通过什么途径战胜他们？当你战胜对手获得市场份额后应如何保持？你会遭遇竞争对手的持续抵抗吗？这些都是需要考虑的问题。

我们必须承认，某些领域是后入者难以突出重围的。先行者们创造了一种全新的习惯，并成功引发了消费者的需求，他们无疑是行业的缔造者、规则的制定者。他们对市场严密把控，同时也有足够的规模与利润，和试图进入市场的企业进行激烈的竞争。但这并不代表后入者完全没有机会。事实上，成功打入市场的新企业不在少数，但那必然是通过压倒性的产品优势，或是极其优秀的广告销售才实现的。

要打入已经成熟的产品市场，绝不是容易的事。以剃须膏为例，一种全新的剃须膏想要打入市场，但几乎所有潜在客户都在使用对手品牌的肥皂。而且大多数人对此并不反感，甚至有很多人相当满意自己一直使用的品牌。那么，这种剃须膏的亮点必须足够突出，宣传必须足够有力，才能让人们改变长久以来形成的使用习惯。

要想在这种情况下取得成功，不能只靠蛮力，不能以同一种策略对待所有顾客，也不能在有关消费者偏好的问题上盲目行动。对于选用竞争品牌的顾客，我们必须仔细分析他们的个性和典型性。

打个比方，假如我们想发展一位开普尔曼汽车的客户，但他原先已经有喜欢的剃须膏品牌，那么我们应该如何劝说他转而选择我们的剃须膏？成功赢得第一位顾客后，我们才能顺利拓展到大范围群体。

产品制造商可能会说，自己的产品并没有什么特别的。他的产品的确不错，但与其他竞争对手也并无不同。他理应从这个市场分一杯羹，却没有什么能吸引人们的与众不同的亮点。但事实上，**无论什么产品，总有一些令人印象深刻但又尚未为业内人士公开的事实，这就是我们要挖掘的东西**。任何人都不会无缘无故改变自己的习惯，我们必须具备明显的优势才能让他们做出行动。

这就涉及替代品以及如何与之对抗的问题。作为企业必然要面对替代品抢夺市场份额的问题，因此在最初做销售计划时必须对这一因素加以考虑。**做生意必须要有远见，这样才能尽可能预见一切可能发生的情况。同时也要有智慧，才能事先建立有效应对危机的防御机制**。很多产品领域的先行者通过自己的努力创造了大量需求，却由于初始阶段的一些失误，白白损失了很大一部分应得的收益。他们的产品本可以具备垄断性优势，但可能因为命名上的失误而失去了这种无可替代的地位。凡士林是个正面例子。这种产品在行业初创期形成了新的需求，并通过一系列正确的经营策略最终奠定了垄断地位，试想一下，如果当初没有将产品命名为"凡士林"，而是叫作类似"石油矿脂"的名字，那么结果一定会天差地别。

吉露果冻、波斯塔姆食品、维克多牌留声机、柯达等杜撰的品牌名成了产品的代名词，有的甚至作为专有名词被收录进词典。这些虚构出来的具有特指性的名字早已家喻户晓。但另一方面，皇家发酵粉、烤玉米片以及霍利克麦乳精却是反面例子。当先行者们创造需求后，由于命名上的失误给大量后入者留下了瓜分市场的机会。

经销商的态度也不可忽视。现在的经销商都倾向于精简产品线以免重复及压货。那么假如遇到这样的情况，经销商将如何看待你的产品？如果有其他对手，你要如何与之竞争？

分销问题至关重要而且普遍存在。为经销商们不愿分销的产品打广告本身就是一种浪费，这个问题我们将在后续章节单独加以讨论。

这些都是广告人必须解决的问题，可见丰富的经验对广告人来说是极其必要的。一个小小的疏忽可能让客户最终损失数百万美元，策略上的一点儿失误可能会彻底断送成功之路，而选择不恰当的方法很可能导致事倍功半。

未经充分准备就投放的广告就像未能善加利用的瀑布，明明有充分的水能却并未发挥作用而白白浪费掉。我们必须集中力量，将广告的能量引向正确的方向，充分发挥其影响力。

广告看起来似乎并不难，大家普遍认为自己能做好广告，并且认为的确如此的人不在少数，结果就是很多广告成了创作者随心所欲的产物。但真正的行家都知道写好一个广告无异于建造摩天大楼，其中有太多复杂且重要的问题，在打根基之时就已显现。

第13章

发挥试用装的威力

产品本身就是最好的推销员，这里所说的不仅指产品本身，还有其给人留下的印象和营造的氛围。因此，试用装意义重大，不管成本多高，分发试用装依旧是性价比最高的一种推销方式。一个推销员绝不可能不带试用装就出门推销，广告也是一样。向顾客分发试用装的做法不是仅仅适用于食品、专利药品等领域，而是适用于几乎所有产品的销售。不论是从前的服装还是现在的留声机碟片，试用装销售都屡试不爽。

试用装能够发挥的作用很多。首先，它们的存在让广告人得以理所当然地在广告中使用"免费"这个能够吸引无数消费者的词。大多数人都会对免费的礼物感兴趣，不论这个礼物的实体是什么。大量实验表明，试用装能带来的回报往往数倍于自身的成本，因为它可以在广告版面成本不变的情况下，让广告读者数量翻倍。

其次，试用装能够敦促消费者行动起来。读者刚阅读完广告时，或许仍对其中列明的各种产品亮点将信将疑，但他们一定不会拒绝对产品进行进一步的了解。所以他们才会剪下优惠券，放在一边，然后找机会将其寄出或直接到商店兑换。但如果没有优惠券，他们可能很快就会将看过的广告抛之脑后。只要他们使用优惠券，你就能获取这些潜在客户的姓名和地址信息并加以跟进，从而有机会为其提供更多可能感兴趣的产品信息，也能让他们开始使用产品，从而真正赢得客户。读者或许在接下来 6 个月内都不会再次阅读该产品的广告，对你的印象也会逐渐消退。但对试用装的需求会促使他们做出反应，这样你就有机会争取客户，并努力实现销售目标。从投入产出的角度看，试用装本身的价值已经实现了。

如果认为试用装数量太少，不足以让客户完全认识到产品效果，那么我们可以采取从经销商处订购正装，并让客户在任意商店使用优惠券兑换的方案，这样一来客户就能有更多使用体验。

你可能会认为这种方案的成本太高。但是要引起潜在客户的兴趣，付出的代价不也很高吗？为了让潜在消费者产生兴趣，并回信索要试用装，你可能要花 50 美分，而在此基础上只要额外再花 15 美分就能让消费者的兴趣转化为购买力。千万不要为了节约这 15 美分而前功尽弃。

试用装销售的另一个好处是能够帮助你预先追踪广告结果，从而找到最恰当的方案。它们能够直接反映出每种方案激发的顾客兴趣，这样你就可以对每一种广告、每一个标题、每一个计划乃至每一项措施进行比较。

这种方式能有效地削减成本，这对任何产品都适用。事实上，即便是最聪明、最有经验的广告人也无法知晓广告中哪一条文案最吸引顾客。创作广告时如果没有正确的方向，那么必然会事倍功半。我们知道某些产品的广告成本可能是同类产品的10倍，而试用装则给了你准确衡量数据结果的机会，让你能获得数倍于投入的收益。

同样，试用装兑换可以让消费者知道他们能够从何处购买产品，这一点在分销网络完全建立之前相当重要。

很多广告主因为贪小便宜而吃过不少苦头。他们不愿意付出，或者说只想着省钱。正因如此，才会有广告主提出让顾客支付10美分订购试用装，或是要求他们寄出回复信时自备一两张邮票。只为这10美分的蝇头小利，他们付出的代价很可能是争取客户的成本从40美分增加到1美元。换句话说，顾客们为获得试用装而支付的钱会成倍地包含进他们的回复成本。但令人惊讶的是，仍然有大批广告主宁愿承担这些额外的代价，也不愿免费向顾客提供试用装。

如果顾客不能无偿取得试用装，将会带来很大的负面影响，也会让广告中宣称的"免费"变得名不副实。正如我们之前谈到的，"免费"这个词对顾客的吸引力及创造的回报通常会超过试用装本身。这就是为什么当某些广告商打出"买一送一"或赠送购物抵用券的旗号时，调查结果却显示并没有取得什么效果。如果潜在客户尚未认同你的产品，那么以半价向其销售产品的难度和正价销售其实并没有太大差别。

请记住，你是推销员，是那个需要激发消费者兴趣的人。**你必须让那些能够吸引客户的亮点充分展现，不要让潜在客户为了你的销售手段买单，75% 甚至 90% 的客户都不会接受这一点。**

不同产品的试用装索取成本是有差异的，主要取决于面向的群体广度。有的产品能吸引所有人，有的只能吸引一小部分人。例如，有一种品牌淡奶，仅泛纽约地区投放的某一期报纸广告就吸引了 146 万人次来函索要试用装；还有一种巧克力饮料，为其投放的优惠券中 1/5 得到了兑换。这些都是影响面较广的产品，而对于其他使用率不那么高的产品来说，兑换试用装的比例可能只有上述产品的几分之一。

试用装索取成本在任何时候都不可小视。即便是极受欢迎、不愁卖出去的产品，也不要吝惜向顾客派发试用装。每一次试用装的索要过程都意味着有一位潜在顾客阅读了你的广告并产生了兴趣，这说明他愿意试用你的产品并了解更多关于产品的情况。你可以把这位顾客想象成活生生地站在你面前的人，你当面会怎么做，在广告中就怎么做。

试用装索取成本主要由索取方式决定。回复率最低的方式是请顾客将优惠券寄回再兑换试用装，相比之下，请顾客到实体店兑换试用装的回复率通常可以达到 4 倍的效果。我目前就碰到一个案例。顾客寄回优惠券兑换试用装的单位成本是 70 美分，而如果优惠券可在当地的商店兑付，平均单位成本为 18~22 美分。

写信对于大多数人来说都是件麻烦事，因此他们都不太愿意写信，很多人家里也没有邮票。大多数人宁愿花钱坐车到商店里兑换一份试用装，也不愿意花钱买一张两分钱的邮票把优惠券寄出。因此，如果条件允许，就地提供试用装是最好的方式。

有一种产品为顾客提供了三种索取试用装的方法：写信、来电、直接到店自取。结果 70% 的人选择了来电索取，因为打电话比寄信更方便，也更普及。

有时候，向所有经销商供应试用装是不现实的，我们可以将可兑换试用装的商店范围限定在中心区域。这些被选定的经销商乐于看见更多客人光顾，而对于其他经销商来说，他们仍旧能受益于整体销售量的增加，因此一般也不会反对。

要记住，你必须让经销商第一时间反馈优惠券兑换情况，这样你就能在消费者兴味正浓时及时采取行动，将其变成真正的客户。

大家普遍认为部分消费者会反复索取试用装而不购买，某种程度上确实有一部分人会这么做，不过占比不大，当然你的确应该把这些额外消耗的试用装计入成本，予以考虑。

告诉主妇们"每户限领一份"，就很少有人再去领第二份。如果真有人继续这么做，那么这些人大概率本就不打算购买你的产品。所以，你损失的顶多是一些试用装，而不会失去任何有价值的顾客。

我们的很多产品线都长期免费提供正装供顾客们试用，每份产品的单位成本为10~50美分不等。有一次，我们在几个特定地区针对重复兑换优惠券的消费者进行了调查，最终发现这样的重复索取造成的损失甚至比我们的调查费用还低。

此外还存在一种情况，某些产品的试用装会被小孩子争相兑换，但这些孩子并不具备购买力。针对这种情况，你可以注明"仅限成年人兑换"，这样一来，小孩子就不会使用优惠券兑换样品了，而且他们也几乎不可能用邮寄的方式将优惠券寄出。

不过，在发行到店兑换正品的优惠券时，一定要格外注意某些消费者，甚至某些经销商，他们可能会一次性购买很多包含优惠券的报纸。因此，我们不会事先预告优惠券的投放时间，而且一般会选择刊登在周日刊的报纸上，以防上述问题发生。

但我们并不赞成毫无章法地随意发放试用装。送上门的试用装只会像躺在台阶上的流浪汉一样，永远不会得到关注，很多甚至根本到不了家庭主妇的手中。并且，即便主妇们拿到了试用装，也不会对它们多看一眼。这样的分派方式，以及在商店里公开展示产品都不是好办法，会让产品自降身价。

我们总能找到一种成本低收益高的方法，但总有很多广告主不明白这一点。他们把大量试用品送给经销商，然后任凭处置。广告主们如果对供应商分发试用装的成本和收益做一下跟踪调查，相信结果势必让他们大跌眼镜。

试用装的派发对象必须经过挑选。要把东西送给那些真正对产品感兴趣的人，那些努力表现出兴趣的人，以及那些对广告已经有所了解的人。必须首先让人们尊重、渴望并期待你的产品，然后再让他们试用产品，这样他们就更容易相信你所宣传的产品优点。

　　这里我要再次强调计算单位顾客成本的巨大优势，这是衡量广告优劣的唯一标准。有时候，试用装看似增加了产品推销成本，甚至超过广告投放所费金额，但只要加以正确运用，就必定会成为争取顾客的最经济的手段。这才是你需要的。

　　反对试用装销售的说法通常都不失偏颇，这种言论基本来自那些希望所有预算都花在纸媒广告上的广告公司。我们在城镇间展开了试用装推销的对比实验，结果证明反对试用装的理由站不住脚。在推行试用装销售的城镇，几乎所有产品争取新客户的成本都降低了。

第 14 章

建立分销网络

建立销售渠道是绝大部分广告主需要面对的问题。如果没有有效的销售渠道,所谓的全国性广告就是天方夜谭。对一个企业来说,如果潜在客户十有八九无法顺利找到产品的购买途径,即便需求再多,也不可能盈利。通过引导客户反复购买从而激励经销商进货的成本非常高。单凭一支销售队伍,想要覆盖全国几乎不可能。仅仅通过广告就想让经销商囤积一定数量的不知名产品绝非易事,因为他们对产品滞销早已见怪不怪。

我们不可能穷尽建立销售渠道的所有方案,不同企业甚至不同产品都有所差异。有的产品首先会通过邮购直销的方式打开市场,直至市场需求量足以刺激经销商批量进货为止;有些则会首先向潜在客户们派发试用装或给予其他优惠条件,从而与目标群体建立联系,然后再把他们介绍给相应的经销商。

绝大部分经销商愿意大量提前订购知名制造企业的产品,因为他们将这些品牌视作销售保证。有些广告主把货物承包给批发商，为经销商进货提供方便。有些广告主在他们的广告中指定专门的经销商，直至其他经销商都向他们进货为止。

有关分销渠道的现实问题不一而足，诚然成功建立分销渠道的途径有很多，但绝大部分不具有普适性，不适宜在这本探讨广告普遍原理的书中详述。我们这里讨论的都是受众广泛且重复购买率较高的产品，比如食品。

并且我们通常都会从地方性广告入手，即使是那些适合刊登在杂志广告上的产品，我们也会先在各城市逐步建立分销渠道，然后才开始投放全国性广告。

有时我们也会在广告中提到已进货的经销商，并根据实际情况扩充名单。在地方性广告投放过程中，我们发现，一旦在广告中宣传了某些特定经销商，那么其他经销商必然会不甘落后。因此，只要在最初的几条广告中公开部分经销商的信息，我们就可以争取到他们中的绝大部分。

无论你在广告中提到多少个经销商，只要这条广告成功，其他经销商必然会闻风而动，到时所有的经销商都会订购你的产品。

我们在上一章中曾提到的试用装销售方案对分销网络的迅速建立有很大的帮助，往往通过吸引经销商加入这一项就足以收回试用装的成本。

如果决定在某地派发试用装，就应该标明在该地可领取的商店。这样一来，对于想要领取试用装的潜在顾客来说，即便离他们最近的商店无法领取，也能知道其他领取途径，生意就不会白白溜走。

只要客户提出需求，广告主就会告知他们可以兑换试用装的经销商名单。这样的需求一旦积累起来，最终会促使经销商进货。

一般来说，绝大多数经销商原本就会为客户准备试用装，一般都以客户购买为前提，比如买一打正装送一些小样。但是试用装优惠券的需求是面向所有经销商的。这样一来，经销商们不愿意看到顾客跑到竞争对手的商店，哪怕只是去拿一份试用装，于是他们一定会争相加入，这样很快就能建立起广泛的分销网络。

当所有经销商都加入，也就是说顾客可以凭券在任何商店兑换一份正装试用时，分销网络的问题就迎刃而解了。

广告主会将附带优惠券的广告样张寄给经销商们，告诉他们必然有很多顾客会使用这种优惠券。每张优惠券对经销商来说都意味着实打实的现付利润，任何头脑正常的经销商都不会让这些拿着优惠券的客户溜走。

免费兑换产品的方法就是通过这种方式收回成本的，这无疑是一种性价比极高的建立广泛分销网络的方法。

某些优秀的广告主已经成功地将这种方法扩大到全国范围。他们在杂志中插入优惠券广告，每张优惠券都可在任意商店兑换一份正装产品。广告主们会提前将广告样张寄给经销商，并附上即将登出广告的杂志名单及相应的发行量。通过这种方法，在短短一周内，广告主就能建立一个相当可观的全国性分销网络，然后只待优惠券广告发布，一切就大功告成。

试用装销售法又一次证明了其在分销网络上无可匹敌的经济性与有效性，并且在销售伊始就拥有了大量产品使用者。棕榄皂和膨化谷物就是这样建立经销网络的。

地区性报纸一半的发行量可能最终流向外地，那么如果你只在本地商店提供试用装，这一半报纸产生的需求就被白白浪费了。你可以在广告中写明有试用装需求的外地顾客可来信索取，但千万不要把试用装直接寄给顾客，而应该把东西寄到顾客所在地的某家商店，让他们到那家商店领取。这是因为如果直接把东西寄给顾客，未来可能无法满足客户的购买需求，但一个提供试用装的商店就能解决这个问题。依靠上述方式，即使不雇一个销售人员，很多广告主也能以最低成本迅速建立起全国性的分销网络。

某些广告商一开始会向经销商赠送一些产品作为礼物，这么做可能的确好过白白丢掉潜在客户，但相应需要付出无比昂贵的代价。这些被免费送出的产品同样应该通过广告推销出去。如果把这些产品的成本考虑到销售价格中，你就会发现自己在每位经销商身上的投入太高了。销售人员完全可以用更低的成本将这些产品售出，而采用其他方法也可能便宜得多。

把货物直接送到经销商手中的做法并不被广泛接受，许多经销商非常反感这一点，而且要想收回这部分赠品的成本也不容易。任何不符合商业常规的做法都无法赢得经销商的尊重。

我在本章中提到的方法，对于适用的产品而言必定是迄今为止的最佳选择，但对于其他产品则可能有所不同。现实的情况各有不同，就不在本书中一一探讨了。

　　要记住，**在分销网络建立之前先不要投放广告，也不要试图用过于昂贵、低效、老套的方法去建立网络**。这样的方法只会让你错失良机，最终损失惨重，并且也可能让你大幅落后于竞争对手。我们应该向拥有丰富经验的人讨教，直至找到最适合该产品的方法。

第 15 章

将产品交给消费者评判

几乎所有的广告问题都可以通过测试活动得到经济又高效的最终解答。解决问题靠的是将产品交给消费者做最终评判,而不是广告人的唇枪舌剑、纸上谈兵。每一种新产品都要面临如何销售并盈利的问题。也许你和身边人对自己的产品非常认可,但大多数人的意见才是最重要的。那些更受欢迎、价格更实惠的产品可能已经牢固建立了统治地位,想从他们那里争取客户就得花大力气。

你或许也会面临客户复购率不高的问题。这可能是因为产品太耐用,也可能是因为广告只吸引了一小部分人。总之,你的广告经常会面临竹篮打水一场空的结局。

广告的结果经常让人大跌眼镜。你嘲讽的广告可能大获成功,而你看好的广告也可能一败涂地。这都是不同人的喜好差异所致,没有人能完全理解不同消费者的偏好,因此也很难建立起完整统一的印象。

过去，广告主们常常凭感觉做决策。少数人赌对了就能成功，但大多数人都以失败告终。那段岁月堪称广告界的至暗时刻。在如今科学的方法成型之前，即便是行业中的佼佼者也常徘徊在行业潮流的边缘。那时候，广告主不知道每争取一位客户要花多少钱，也不知道每位客户能带来多少销售额。销售成本可能需要很长一段时间才能收回，在大多数情况下甚至永远无法收回。

但现在，我们依照大众的反馈做决策。只需做一个小小的试验，然后对投入产出进行分析就能实现。对于我们来说，如果能测算出争取1000名顾客的成本，就能基本准确地估算出争取100万名顾客的成本数据；如果能知道这1000名顾客的需求，就能推测出100万名顾客的喜好。

我们以小规模样本测试为基础推导出普遍结论，这些结论基本经得起推敲。我们对自己的成本、销量、盈亏状况以及收回成本所需时间都了如指掌。我们只有在确保广告大规模投放绝对安全后，才会行动。因此，在如今的广告界，真正做到这一点的广告人绝不会遭遇太过惨痛的失败。我们可能会在四五个城镇先进行测试，也可能通过试用装、正装免费兑换的方法促使消费者尽快试用产品。这样一来，我们就能知道成功让一位顾客试用产品需要多少成本。接着，我们要关注这些顾客是否购买了产品。如果他们真的订购了产品，就要考虑他们是否会持续购买、会买多少，以及我们需要多久才能收回销售成本等问题。

这样的测试广告成本基本在 3000~5000 美元不等，即便测试结果最终证明产品并不受欢迎，投入的钱也不会全部损失，毕竟测试广告也能创造一些销售收益。整体来看，每次测试最终基本都能收回成本。

有时我们会发现，在广告上的成本投入在销售结算前就已经收回了。这就意味着这种产品可以在无须额外投入的情况下投放广告。很多优秀的广告就是这样发展起来的，这无疑是最理想的状态。

另外也有些产品可能需要几个月才能逐步收回测试成本，开始盈利。不过在那种情况下，广告主们必然也对自己的利润水平有清晰的认知。在全面投放广告之前，他们会做好相应的资金准备。各位不妨试想一下这代表着什么。

有一位广告主发现了有价值的广告机会，但他认为将广告一次性发行至全国的成本太高，风险太大。于是，他首先在一两个普通体量的城镇发布广告，并确保将成本和风险控制在最低水平。

通过面向几千人的测试性广告，他了解到这些样本群体的需求，从而推测出如果将广告在全国投放，面向的几百万名顾客会有什么样的反应，然后他就采取相应措施。

只有在基本确保全国性广告能成功的情况下，他才会行动。这就让他的广告大规模投放行为变得非常安全。如果广告真如他所料能够成功，他就会成为百万富翁。而如果结果相反，也能在测试阶段及时止损，并不会有多少损失。

这些就是我们想要着重强调并加以宣传的事实。我们现在拥有的所有大客户，都是依照这样的方法从点滴起步的。**行业中一旦有一个人发现某个商业机会，就会有成千上万的人蜂拥而至。这样的投机者一直都存在，只不过之前尚在休眠状态罢了。**

如今全球最大的广告主也是以这样的方式发展到如今的规模。他积累了一个个成功的项目，如今已达到 26 个，每年总盈利高达数百万美元。

这些测试活动也有其他目的，它们能够解决生意中的各种问题。

比如，有家大型食品企业的负责人认为，如果将旗下产品在样式上做一些改变，也许会更受欢迎，他和公司全体顾问对此都十分确信。但正当他们认为无须征求消费者意见，准备直接将计划付诸行动之际，理智还是占了上风。

于是，他在部分城镇发布了附带优惠券的广告，顾客们凭券可在任意商店兑换一份改版后的新产品。接着他就此事去信询问顾客对新产品的看法，大家几乎众口一词地表示并不喜欢。

后来又有人建议对产品做其他改动，鉴于先前的经历，这位广告主对此并不看好，并且也不认为有必要进行测试活动。但他最终还是面向几千位女性顾客，以类似的方式进行了测试。结果有 91% 的顾客赞成产品的新变化，于是这位广告主拥有了一种能够大幅提升销售额的独一无二的新产品。

上述测试活动每次花费不过千余美元，但效果卓著。第一次的测试让他及时避免了昂贵的错误，第二次则给他带来了丰厚的回报。

通过测试活动，我们可以针对已经大获成功的广告继续挖掘新的销售方法。这样一来，我们就能在不影响原有方案顺利开展的前提下，不断找到新突破。

我们曾在5年内为一家食品制造企业累计测试过50多种不同的方案，几乎每隔一段时间方案就能有所改进，广告效果也相应地不断提高。5年后，我们终于找到了最佳方案，数据显示我们的销售成本比最初降低了75%，也就是说，这种方案的效率是5年前的最佳方案的4倍！

这种做法也同样被邮购广告主广泛使用，他们会一个接一个地尝试新方案，从而使成本不断降低。我认为任何有商业头脑又谨慎处事的广告主都应该这么做。

除此之外，测试活动还能发挥另一种作用。

某家企业的广告一直反响平平，一位有经验的广告人认为如果做出改变，这家企业一定能有更好的前景。但广告主对此犹豫不定，因为他的公司先前做得还算不错，并且也有稳定合作的广告公司，暂时不想与之中断合作，因此这位广告主更倾向于维持原样。

上述广告主面对的两难局面完全可以通过测试活动加以决断。广告公司可以在不影响原有广告效果的基础上，选取几个城镇投放新广告，然后将试点城镇的结果与其他城镇加以比较，从而证明新方案的优越性。

广告业中存在大量看似有道理的言论。广告人一个接一个地向广告主毛遂自荐，夸耀自己渊博的知识和出类拔萃的能力。对于这些人，广告主往往很难做出准确判断。

但现在，我们能够以极低的成本获取精准的数据，从而做出确切的判断。广告主无须做任何承诺，他可以像对待销售人员那样对广告人说："我给你一个星期推销，用结果向我证明吧。"如果这种方法得以更早应用的话，很大一部分已经推行的广告可能压根就不会发生了。

我们再回过头看看科学的广告。试想，如果一位化学家告诉你这种化合物最好，或者另一种更好，你很可能不会听取他的意见。但如果他用上百次试验去证明哪种化合物是最好的，并且在得到最终结果前绝不做任何假设性发言。那么，你对他的言论一定会有不同的态度。广告主们何时才能把这种精准的态度应用到广告中呢？

第 16 章

不过度依赖经销商

在大多数情况下，我们不能指望批发商或经销商在产品销售上给予什么积极的帮助。他们手头有太多产品线可以选择，做过广告的产品线利润空间一般不大，而广告商品也往往会降价出售。

经销商的行为逻辑与我们并无不同，他们必然会将精力放在销售自有品牌，而非你的品牌上。但他们会营造正在尽力帮助你的假象并让你深信不疑。经销商们会以付出更多的销售精力为借口，要求你提供经济支持或在合作条件上做出让步。信以为真的广告主经常会为了激励经销商而给予他们额外的折扣，或是类似买十送一的数量优惠。

但这样的激励机制几乎不可能起作用，即便有用也只适用于极个别产品，并不具有普遍性。并且经销商们即使付出更多努力，也只不过是行业内部不同企业间的此消彼长，对增加行业总销售额并没有什么实质作用。

在大多数情况下，经销商并不能发挥转变客户观念、争取新客户的作用，这就失去了广告的最大意义，即通过说服消费者，争取黏性强的新客户。因为他人偶然推荐而购买产品的客户下一次也可能因为旁人的建议选择其他产品，他们往往不会有太强的忠诚度。

　　经销商严重压缩了厂商们的利润空间，如果把给经销商的价格及数量优惠用于吸引消费者，无疑会更有价值。

　　免费赠品的成本通常要靠你们自己努力营销赚回来。买十送一意味着必须多卖出10%的产品，你才能获得同样的回报。如果从经销商的角度考虑，必然是他们能从你这里得到多少好处，就从你这里买多少。

　　经销商可能还会以各种名目挥霍你的资金，比如橱窗或商店内的陈列展示就是其中一种。橱窗展示作为一种醒目的提示，的确可以增加经销商的市场份额，但并不能增加产品的总销售额。

　　这些都是需要搞清楚的事实，大家可以在不同城镇推行不同方案，然后进行销售额对比。许多产品的试验结果表明，在陈列上花太多钱并没有什么作用，因此越来越多有经验的广告主选择不再花钱进行陈列展示。

　　这种方式从很久以前就在大众产品领域广泛使用，其效果无异于将面包扔进水里而期望鱼儿能上钩。20年前的大多数广告基本都是如此，但现在依靠科学的测试，我们可以对各种广告方案进行成本与收益比较，这很容易就能实现。通过这种现代化的决策方式，我们能够避免许多代价高昂的错误。

科学的广告改变了许多陈旧的方法和观念。许多长期为人们采用的方法已被证明是愚蠢的。为什么我们不能将适用于其他销售形式的成本控制标准也用于广告策划呢？广告的目的就是在确保盈利的基础上争取新客户。将所有希望寄托在某一家经销商身上对你并没有什么好处。你需要了解争取每位消费者需要付出的代价以及他们能够带来的收益。假设每争取一位客户需要花费1美元，那么你每浪费1美元就等于失去了争取一个潜在客户的机会。

你的生意应该以科学的方式，而不是依靠经销商的帮助建立起来。你要做的就是自我推销、创造需求，然后实现成功。经销商的作用不过是辅助处理你所创造的订单需求，仅此而已。必须杜绝一切浪费，要把所有资金花在刀刃上。

第 17 章

挖掘广告的"性格"

一个人如果想给人留下深刻的印象,就必须在某些方面脱颖而出,而且必须是以正面的方式。举止怪异、格格不入并不是什么值得羡慕的亮点,但是以别具一格的方式做令人钦佩的事情则一定会给你带来极大的好处。

销售人员也是如此,而且无论是人员推销还是广告推销都适用这个道理。某些推销员可能引起顾客的轻视和不满,而有些人则具有令人耳目一新、印象深刻的特质。后者无疑是幸运的。

我们总会想办法为每位广告主打造合适的风格,赋予其最契合目标群体的个性,让他从外表到举止,由内而外都变得与众不同。**某些产品推销需要的是率直待客,那么广告主就应具备这一品质;某些产品由顾客按自我喜好选择,那么广告主就应该以好好先生的形象出现;而对于其他产品,广告主也许只有表现出权威性、专业性才能赢得顾客信任。**

我们曾引述过一个例子，一位女士凭借向女孩们推销服饰而取得了巨大成功，这一切正是由于她打造了恰当的形象。

这就是为什么有时候我们需要某些人在广告上签名作保，好让它们表现出权威性。这样一来，提出诉求的就不再是一家没有灵魂的企业，而是一个活生生的人，一个为自己的成就感到自豪的人。只要条件允许，我们就会在广告中加入人性化要素，我们坚信只要让广告主出名，他的产品自然不愁卖。当我们在广告中宣称进行了某种改良，那么报出改良方案的缔造者一定能取得更好的宣传效果。

那些具有明确吸引力的特质，切不可轻易改变。广告创意人员在创作文案前，必须深入了解广告主的思维方式，毕竟他们才是广告的"主演"。

对于成功的广告来说，保持风格一致性也不容易。获得消费者认可的方式一般能应用于更广泛的群体，这样才能让更多人开始了解我们。如果能和消费者建立一定的熟悉度后再开展广告，一定比直接向消费者介绍一种完全陌生的产品高效得多。**人们不只靠名字来认识我们，更要观察我们的外表和特性。如果我们每一次与他们接触都表现出完全不同的形象，他们就永远不可能对我们产生信赖。**

我们不希望消费者认为我们所做的一切都是为了劝他们订货，或者给他们留下人造、刻意而虚伪的印象。广告诉求必须发自内心，这也是避免我们误入歧途的方法。

广告中确实存在某些极具吸引力的特质，就像某些人身上充满魅力的性格一样。不同的广告给人的观感大不相同，有的让人乐于观看，有的却让人心生乏味；有的让人耳目一新，有的却平平无奇；有的能增加消费者对产品的信心，有些却让人游移不定。

为广告打造恰当的个性点极其重要。只有那样，广告主才能逐步积累良好的口碑，并最终将口碑转化为在业内的影响力。请不要对此感到厌烦。要知道，如果我们的个性发生改变，即便是好朋友也需要时间重新认识我们，更别说原本对产品并不熟悉的顾客了。

第 18 章

拒绝消极型广告

在任何情况下,攻击对手都不是广告宣传的好方法。不要攻击他人的弱点,更不可将此策略应用于有影响力的传播媒介。攻击他人太过自私,并且不符合竞争精神。如果你厌恶吹毛求疵的人,那么首先你自己就要做到宽以待人。

在广告中要展现事物光明、快乐、迷人,而非阴暗、令人生厌的一面;要展现美丽而非平庸,健康而非病态;要展现一张没有皱纹的细腻脸庞,而非展示皱纹,客户们对皱纹心知肚明,无须再做提醒。做牙膏广告时,要展现光洁的好牙,而非一口烂牙;要展现经过使用后改善了的情况,而非糟糕的现状。做服装广告时,要展现衣着光鲜的人而非衣衫褴褛的人。为商业课程做广告时,要刻画成功人士而非失败者的形象。想一想什么样的人是大家想成为的样子,就把这些展现出来,而不展现他们现在的样子。

所有人都向往阳光、美丽、快乐、健康与成功。那么,我们就要指明通向这一切的道路，而非相反的方向。**要展现引人羡慕而非垂涎他人的人；要告诉人们该做什么，而非不该做什么。每一个广告都要散发出欢乐的气息，绝不可显得悲伤、阴沉。**

假设人们愿意按你说的做，那么就要让他们跟随你的指令行动。在广告中使用"现在就来信申领样品吧"这样的指引性语句，而绝不可说"你之前为什么没注意到这样的好东西"，这就像在指责人们很粗心。

我们不妨比较一下积极型与消极型这两种广告的效果。一种展现阴暗面，另一种展现光明面；一种是严令劝诫，另一种是积极鼓励。比较结果一定让你大吃一惊。根据我的经验，积极型广告的效果是消极型的 4 倍。

在广告中做使用前后效果的比较是过去常用的笨办法。这么做除了展现消极的一面没有任何好处，不要受此影响而展现事物的阴暗面。

第 19 章

如何撰写商业信函

信函撰写是所有广告人都应该考虑的一种广告手段,几乎可被用于所有广告活动。我相信每个做生意的人都曾收到过大量推销信,他们可能会把其中的绝大部分直接丢进废纸篓,但也确实可能关注其中的某些信函并采取行动,也会保留一部分以备后用。

如果对这些信函加以分析,你会发现那些让你采取行动或是保留下来的都有一个让你感兴趣的标题。只看一眼,你就能发现信中有你想要的东西,或是希望深入了解的内容。

这一点是我们在创作广告时要时刻记住的。

我们曾研究过一位年采购量 5000 万美元的客户对待推销信的态度。寄到他手中的每一封信函都得到了不同方式的对待。作为客户,他自然希望能获得他想要购买的产品的一切信息。但经我们的观察,几乎每分钟都会有一大把推销信被他扔进废纸篓,只有一封被留在手边,这就是他会第一时间认真对待的信件。另外还有一封信被他标注了"清漆广告"字样,日后当他想要购买清漆时,就会把这封信找出来仔细阅读。

这位客户通过收到的信函完成了几项出色的采购。他的工作依靠信息完成,然而对于绝大部分信函他只是扫了一眼而已。

信函标题的重要性也适用于广告。然而,就像很多广告主一样,众多信函撰稿人同样忽略了这一点,所以他们无法引起顾客的重视,也无法向顾客传递他们想看到的信息。

有一家杂志社每年要寄出几百万份信函,有的是为了吸引客户订阅杂志,有的则是为了推销书籍。一般来说,杂志发行商在正式寄出这几百万份信函之前,会先做一个小规模测试。比如,他可能会尝试 25 种不同的信函,每种面向 1000 名潜在客户。通过测试,他能够得到每种信函的投入产出数据。如果效果反馈不理想,他可能就会放弃推销目标,反之,他一定会选择效果最好的信函进行推销。

现今所有信奉科学广告的人都会依此行事,包括邮购广告主也是一样。他们用测试广告的方式测试自己的邮寄信函,任何信函在被大量实验证明正确前,是不可能被广泛寄出的。商业信函撰写与广告密不可分。无论是寄给消费者的推销信,还是用于结果追踪的问询信,只要条件允许都应进行测试。如果条件不允许,信函也必须根据调查得出的信息来撰写。

就像不同广告间存在差异一样,推销信在效果上也会天差地别。有的能刺激客户立即采取行动,有的却不起作用;有的可以促成生意，有的反而破坏了人们对产品的好印象。推销信的作用对于争取有所心动但尚未做出决定的顾客尤为重要。

事实证明，一封价值 2 美分的推销信并不会比 1 美分的信引起更多关注，精美的信纸在推销时并不比粗糙的信纸更管用。一切都取决于信的内容而非形式。

实际上，有人发现过分精美的信纸和印刷品反而会适得其反，因为人们可能会觉得你是在用产品质量以外的东西进行推销。这一点无论对广告还是推销信都是一样的。向有产品需求的客户写信和拜访一位潜在客户非常相似。你知道引起客户兴趣的要素是什么，那么就应该将其贯彻使用，不要半途而废，要不断强化客户对广告的印象，绝不可仅凭猜测就改变路径。

不论是广告还是推销信，最重要的是让目标对象立即行动。拖延是人的本性，但对于销售产品来说，客户的拖延就意味着被遗忘。

我们必须竭尽所能让顾客们行动起来，提供优惠条件或者让他们知道拖延的后果都是可行的方法。很多成功的推销信会给优惠活动限定条件，比如设置有效期，过期失效。这么做是为了促使客户尽快采取行动，避免拖延。

某位邮购广告主推出了产品目录供客户参考，但每位索要目录的顾客手里往往都有起码三四份类似的邮购产品目录做选择。这位广告主必然要面对激烈的竞争。

于是，他在寄出产品目录时顺带附上了一封信函以及他的个人名片。

对于新客户，他会在信中写道："您是我们的新客户，我们希望您能有宾至如归的感觉。请您在寄出订购单时把我的个人名片一同附上，我希望您在收到订购的货品的同时，也能顺利收到我们为您准备的礼物。相信这份礼物一定不会让您失望。"而对于老客户，他也会以其他名义送出礼物。

这些礼物会引起人们的好奇心，从而为他的产品目录加分。客户们如果没有某些一定要选择其他广告主的理由，一般就会订购他家的货品。送出的礼物会大大增加每份产品目录带来的销量，利润基本是礼物成本的数倍。

让顾客行动起来的方法有很多，虽然从具体内容来看，没有哪种方法能不做任何调整地应用于几种不同的产品，但其中的原则是一致的，那就是趁热打铁。只要情况允许，就尽可能让顾客当场做决定，并迅速付诸行动。

让顾客迅速采取行动并没有那么难，你完全有能力做到。有一位广告主就曾以一周限时优惠的活动，吸引了成千上万的女性顾客大量购入他的产品并认准他的品牌。

第 20 章

好名称促进销售

一个饱含信息量的名字对产品来说是有益的。在广告中,产品名称一般都会放在最显眼的位置。考虑到占据的黄金位置,它应当对广告有所助力。某些产品的名字本身几乎就是完整的广告。比如五月清风、麦乳就是如此,光是名字本身就价值不菲,类似的还有荷兰去垢粉、科带库瑞(一种化妆品品牌)、闪耀鞋油、速溶木薯粉、三合一汽油、磨不破面料(澳洲知名针织物制造商)、便携式酒精燃料等。这类名称基本受名称权保护,而且本身又描述了产品,因此对其进行展示是极有价值的。

当然也确实存在没有实际含义的品牌名称,如柯达、卡欧、马自达、萨波里奥、凡士林、高洁丝、力士、波斯特等。这些名称也在法律保护范围内,尽管本身没有实际意义,但经过长期宣传,它们也被赋予了独特的含义。如果能做到这样,它们也变得非常有价值。

但遗憾的是，这类名字中的绝大多数无法达到这样的高度。在这种情况下，名字对广告宣传的作用就会大大下降，**广告人也需要考虑是否占用版面宣传产品名称，因为在广告中，真正重要的是产品服务，而不是产品的名字。将大量版面用在无意义的名字和插图上，无疑是巨大的浪费。**现代广告的趋势之一就是消除这种浪费。

另外还有一些名称展示了产品的原料成分，但这些成分并非独家使用，典型例子有无花果糖浆、椰油洗发水、焦油皂、棕榄皂等。

这类产品的特点在于，市场份额的多少主要取决于价格水平，当然由于大量同质替代品的存在，它们也面临着市场竞争。人们往往会因为产品成分类似而将之归于一类，所以定价也必须符合产品大类的价格标准。

在此类产品中，烤玉米片和麦乳精就属于不太走运的。销售这些产品的企业有很多，当其中一家企业成功激发大家的消费需求后，其他企业便一拥而上，因为他们只要使用同样的商品名，就能从中分一杯羹。而当初创造需求的企业唯一能倚仗的只有自己的品牌而已。大家可以估算一下，如果他们精心设计了产品名称而非直接使用产品原料的名称，他们的盈利将会增加多少。

另外，大家必须记住，对于专利产品，专利权的失效也就意味着名称独有权的丧失。比如卡斯托里亚、阿司匹林、碎麦饼干等名字已经成为大家共享的财富。这是一个需要认真考虑的问题，因为专利产品往往因此得不到足够的保护。

许多产品名称还存在名不副实的问题。某些企业在为产品取名时抓住了人们对独特性的心理偏好，但产品本身并不像名字所说的那样美好。这对于产品销售来说是致命的，人们很可能就此失去对产品的信赖与尊重。

如果一定要为产品取一个通俗易懂的名字，那么最好直接以人名作为产品名称，这比另行设计其他的名字好得多，这会让消费者觉得这个人为自己的产品而自豪。

综上，产品名称的好坏对企业的稳固发展至关重要。好的名字能助力企业所向披靡，而某些不当的名字却让企业节节败退，甚至丢掉最初艰苦发展起来的绝大部分市场份额。

第 21 章

成就一门好生意

我少年时代住的房子旁有一条湍急的小溪，溪边建了一座水磨坊，水流的冲击力带动木轮继而带动石磨转动。这种原始方法的效率极低，除了极小一部分水能被利用，其余都被白白浪费了。后来有人在水里安装了涡轮机和发电机，用现代科技代替原始装置，从而使得水能的利用效率大大提高。尽管水流量与总能量并没有改变，但是如今水上的发电装置足可为一家大型制造厂供能。

每当看到未被善加利用的广告资源，我就会想到那条小溪，纵然蕴藏了巨大且可循环的能量，最初却仅用来供应一个小磨坊运作。然而有的人能提升利用效率，在同等条件下取得数倍的收益。类似这样的例子随处可见。

年复一年，我见过很多显然不可能盈利的广告问世，比如有的人花了5美元去做1美元就能搞定的事；有的人明明能有150%的投资回报率，最终收益却只有30%。这些都可以用事实很轻易地证明。我还见过太多浪费篇幅、内容轻浮、自吹自擂、哗众取宠的广告，昂贵的版面上全是废话。如果现实中有哪位推销员这样对客户说话，大家一定会觉得他神志不清。那些广告总是那么不着调，盲目地耗费大量金钱，却仅仅是为了满足某些人一时的突发奇想。

不光是那些初出茅庐的广告主，就连许多久经锤炼的老手对自己公司的广告效果也不甚了解。一个企业的发展离不开多种要素的共同作用，广告就在其中起到不可替代的作用。

曾有一位经营多年、公司年均广告支出高达 70 万美元的广告主对我坦言，他不知道花那么多钱在广告上是否值得。有时他甚至会想，即便没有广告，他的生意一样能做大做强。我回答道："关于这一点我可以明确地告诉您，您的广告确实没什么效果。我有一个方法能在一周内证明这一点。您可以在某条广告的结尾处写上如果有谁看到这条广告并来信告知，您会立刻给他 5 美元。我想来信之少一定会让您大吃一惊的。"

想想这是个多么可怕的事实——数百万美元在结果不明的情况下就花出去了。如果企业的所有政策都是这样盲目执行，破产是迟早的事。

你可能还见过不少不合心意的广告，它们冗杂啰唆，没有任何吸引力。你真正寻找的是有说服力又赏心悦目的广告。你一定会注意到，这些优秀的广告有一个共性，那就是它们都经过细致的调整，广告主们清晰地知道这些广告必定会有回报。或许你见到的让你满意的广告，就是众多广告通过比较后最终胜出的佼佼者。此外，某些当前看起来似乎结果不明的广告在一开始必然经历过评估。它们建立在已知的统计数据之上，在大规模发行前必然已在小范围内取得了成功，广告主们已经充分运用了手头的所有资源。

从表面上看，既然广告主愿意不断花钱打广告，就说明他们相信广告是有用的，他们相信广告既然能让其他人大获成功，那么对自己也一定有用。因此他们将广告当作广受认可的灵丹妙药。如果生意成功，就是广告的功劳；如果生意失败，就只怪自己时运不济。

这听起来似乎匪夷所思。即使是只做一条20美元微型广告的小商贩也对自己的投入是否有回报了如指掌。大型商店每一种产品的广告支出都会明确归集到对应部门，他们公开发行的广告上每一版面的内容必须在第二天进行效果验证。

然而事实上，美国绝大部分广告都在未经考量的情况下开始运作，所有的支出都基于估计得出。其实很可能只要一个简单的测试就能找到让效果成倍增加的方法。

上述方法虽然至今还在被广泛运用，但也已是日薄西山。采用这些方法的广告从业者已经看到了不祥之兆。承担广告费用的人很快就会清晰地了解到自己的支出会带来什么样的回报。广告也将迎来高效时代。广告人的能力及其广告的效果将由可知的回报加以衡量，唯有强者才能在这个行业中生存。

就在一小时前，一位老广告人对我说："属于我们的时代已经终结，花言巧语不管用了。诡辩正在被真实替代，这样的趋势让我感到很不安。"不只是他，还有许许多多广告人都为之战栗不已。现如今大量广告按着科学的路线运行，成功已成为常事。任何不遵循科学道路的人终将黯然离场。但是对于我们这些能够经受住考验的人来说，变革是再好不过的事。当广告主们发现广告也可以做得安全有保障，就会有更多人愿意加入，原先只敢小额投入的广告主在看到确切的结果预判后更愿意大笔投入。**科学的广告剔除了原先投机豪赌的元素，这会让我们的行业变得更加美好与纯粹，也会让我们这些从业者更自豪，到那时人们会以功勋定成败，为我们的胜利加冕。**

第二部分

我的广告生涯

前　言

我写这本书的初衷并非将之作为个人自传，而是希望写一本能启迪他人的商业读物。因而我尽量避免过度着墨于细枝末节，而是将内容集中在更有指导意义的问题上。本文谈及的全部故事，均旨在为行业后辈提供实用性建议，帮助他们尽量少走那些我曾走过的弯路。

某天晚上，在洛杉矶，我向本·汉普顿讲述了我的故事，他是一位作家、出版商兼职业广告人。他听我讲了几个小时，一次也没有出声打断。他认为我的经历对于刚入行的新人很有意义，应当公开发表以体现其价值。于是他便开始劝说我，直到我向他保证会着手写这样一本书并出版，他才罢休。

他是对的。的确，终其一生致力于某一行业而积累了无数经验的前辈，应该给后继者留下一些可供参考的总结。经过研究考证的成果应该被记录，每位先行者都应该为后人留下指引。这也正是我所要做的事。

当这本自传要在杂志上连载时，我收到了许多抗议信，其中一些就出自我曾任职的大企业的负责人之手。他们的担忧在字里行间表露无遗。他们担心我会在书中对自己的功劳夸大其词，从而伤害到某些人的自尊心。为此，我特意重写了某些章节，彻底删除了任何可能引发这种疑虑的内容。

但我又怎么会夸大其词呢？我唯一能夸耀的可能就是自己在广告业工作的时间比别人长，正因为我在广告业浮沉多年，也就自然比那些一帆风顺的人学到得更多。我向大家分享自己经历的目的在于，尽可能提供前车之鉴，也希望大家能站在我的肩膀上继续前行。这样做除了能让我获得一些满足感，就再没有什么了。当年在我还是新人的时候，如果有人能像现在的我一样分享自己的经历，我一定感激涕零，因为前辈的经验加上我自己的努力，我想我必然能够取得比现在更高的成就。我希望我能亲眼看到有人站在我的肩膀上获得更大的成功。

克劳德·霍普金斯

第 1 章

我的早年生活

我职业生涯中最重要的大事就发生在我出生前一年,那年父亲娶了一个苏格兰女人,也就是我的母亲。她的身上淋漓尽致地体现了其民族特质——勤俭、谨慎、雄心勃勃而又精力充沛。人们都说,孩子的大部分品质都是从母亲那里继承而来的。我那显而易见的保守性格自然也得益于我母亲。据我所知,广告人或者生意人职场失意最重要的原因,就是缺乏保守的性格。

我将在本书中反复重申这一事实,在此强调,是为了向我的母亲致敬。"安全第一"一直是我的指路明灯。对于想在广告领域发展的男孩而言,拥有一位苏格兰母亲是他所能有的巨大财富。正因如此,他才会有与生俱来的节约和谨慎,从而造就了他的成功。除了极少数的偶然情况,成功离不开这些宝贵品质。不过,这些品质的先天不足,在一定程度上可以通过勤奋修炼得到改善。

我所见过的生意失败,大多因为好高骛远——也许归咎于为一个潜在的机会而莽撞投机；也许归咎于嘲讽保守主义而仓促行动；抑或归咎于因为害怕对手先行一步而在未知的道路上盲目奔走。

这个准则在生意场上也许会有例外，在广告业却是金科玉律。可以说，广告业的所有灾难都源于草率，这本可避免，所以更是不可原谅。这里我所说的灾难，不是指某些广告的失败。在我们这行，所有人都在尝试着"不可能"。我们面对的是人性，其中杂糅着我们无法丈量的欲望、偏见和怪癖，因而绝大多数情况下，即使是再多的经验也无法准确地指引我们。这就是为何"不谨慎"是广告业的一种罪过。在每一个广告项目中，我们都是在和未知之物打交道。

但是，普通的失败并不意味着什么，失败的出现是必然的。**每个广告在初期都只是直观地感受公众的反馈意向。如果人们没有对广告做出反应，那么问题往往出在产品或是不可控制的环境因素上。**如果广告的投放方式是正确的，那么这些失败即使真的造成了什么损失，那也微不足道，那些没能实现的期望和想法不过是小插曲。

我认为，真正的"灾难"是狂热投机后的崩溃。那些驾驶着豪华巨轮而触礁的广告人，他们极难恢复元气。鲁莽的掌舵者永远令人恐惧。我见过这行里太多有前途的人与他们的巨轮一同倾覆，只因他们在某些未知的疆域依旧保持满帆航行。据我所知，他们之中，无人生还。我身上流淌着的苏格兰人的血，使我在35

年的职业生涯里与这样的灾难擦肩而过。

因为我母亲的影响,对我来说,一毛钱和一块钱一样重要。不光是我的一分一厘,他人之财亦是。无论是作为金钱的主人还是托管人,我都极为谨慎;不论是为自己还是为他人,我都不曾豪赌。所以我诚然也失败过多次,但它们都不曾对我造成重大的影响。

我已摆脱了那些肉眼可见的灾难会带来的怀疑与猜忌。因为当我功败垂成时,我只略损金钱,且无损自信;而当我大获全胜时,我常为我的客户赚得数百万美元,也为我自己赢得赫赫声名。这在很大程度上都要归功于我的母亲。

要归功于母亲的远不止此,她还教会了我勤勉。我几乎记不起,在无数日夜里,母亲有哪一个小时不在工作。她是一个聪颖睿智的大学毕业生,曾有一段时间,作为一个无依无靠的寡妇,母亲不得不靠教书来养活她的孩子们。她会在课前课后的空余时间里做家务;晚上,她还要编写学前儿童课本,等到假期时,便在各个学校间奔波兜售。她一个人干了三四个女人的活,从事了三四种职业。

自小时候起,在母亲的指引和鼓励下,我便似她一般行事。我从 9 岁起便开始自食其力。其他的男孩上学时,每天要考虑的就是清点一下学校的作业。但对我来说,这只是我日常生活的一小部分。每天上学前,我需要打开两间校舍,生火并且打扫座位;放学后,我依旧要打扫这些房间;之后,我得在晚餐前给 65 户人家送《底特律晚报》。

周六，我要把两间校舍刷洗干净并干完发传单的活。周日，我又变成了教堂的看门人，从大清早一直忙到晚上 10 点。假期我会去农场干活，在那里，我每天的工作时间是 16 个小时。

每当医生说我病得没法上学时，我就会去雪松沼泽干活。那里的工作从凌晨 4 点半开始。早饭前，我们要挤牛奶、喂牲口；到 6 点半，我们就带上午餐，驱车前往沼泽地，然后一整天都在那儿砍木杆、系绳结；晚饭后，再挤一次牛奶，之后就是把牛赶去睡觉。晚上 9 点，我们顺着梯子爬上阁楼，上床睡觉。那时候，我从未感觉自己工作劳累。

在之后的年月里，我依旧这样对待我的事业。我没有"工作时间"的概念，因为我并不区分工作时间与休息时间。如果我在午夜之前停止工作，那就是我的假期，因为通常我会工作到凌晨 2 点才离开办公室。周日是我工作的最佳时间，因为在那一天没有什么能打扰我。从商 16 年以来，我几乎没有一个晚上或是一个周日不忙于工作。

我并不是建议其他人以我为榜样，我也不会建议自己的孩子这样做。**生活中有很多比成功更重要的事情，适度工作可能会带来更多的快乐。但是，工作时间比同事长一倍的人，一定会走得比他人更远。在广告业，情况更是如此。**

这一点对每个人都适用。人与人头脑上的差异自然是存在的，但并不像在勤勉上的差异那样重要。做别人两三倍工作的人，学到的东西也是别人的两三倍。犯更多的错误，也会取得更多的成功，同时又从所有的失败与成功中吸取教训。**如果说我在广告业比他人站得更高，或者得到更多，这并不是因为我能力超群，而是因为我那些不辞辛劳的工作时间**。这意味着一个人牺牲了生命中所有其他的东西，只为在这个行业中脱颖而出；这样一个人理应被怜悯，而不是被艳羡。

我曾在一次演讲中说，我觉得自己已经在广告业干了70年。虽然按日历上的时间看，只有35年，但如果按行业一般工作时间和完成的工作量来衡量，我是在一年的时间里做了两年的事情。节俭和谨慎让我远离灾难，然而教我做好广告，促使我获得今时今日的成就的，却是勤勉。

幼年丧父使我饱受贫困之苦，当然，那也是另一种恩赐。我父亲是牧师的儿子，祖上几辈也都是牧师，生于贫困并受教于贫困，因而这也是他的生存之道。

虽遭此境遇，我仍为自己是普通人而心存感激。正因我是普通人，所以我生来便了解这个群体。我了解普通人人性中的欲望与冲动，奋斗与勤俭，以及质朴与纯粹。这些我再熟悉不过的普通人，成了我日后的目标客户。正因如此，当我通过书面广告或者当面向他们推销产品时，他们都愿意把我看作自己人。

我确信自己没法游刃有余地和有钱人打交道，因为我不了解他们，也没想过向他们推销商品。我确信，如果要我为劳斯莱斯、蒂芙尼或施坦威钢琴这样的奢侈品做广告，我肯定一败涂地，因为我不了解有钱人的行为模式。但我确实非常了解普通人——我喜欢和劳工交谈；喜欢研究那些精打细算的家庭主妇；也喜欢了解家境贫困的少男少女们的远大理想，获得他们的信任。只要给我的是普通人想要的东西，我就能把它卖出去。学者们可能讥笑我的语言风格，因为我用词简单，语句简练；有钱人可能嘲讽我在广告中强调的卖点，但来自千万普通家庭的人会阅读这些广告，并购买其中推销的产品。他们会真切感到广告制作者了解他们，而这些人占到广告消费群体的95%。

贫穷反而使我获得了许多销售的经验。若非手头拮据，我不会挨家挨户上门推销揽客，而正是在这样的过程中，我对人们在"花钱"这件事上的态度有了最深刻的了解——这就是最好的课堂。美国最伟大的广告人之一，在每次制作刊物广告前，总会亲自去推销产品。据我所知，他会花几个星期奔波于各个农场之间，只为了解农民们的看法；他也会造访上千家庭，只为了解女性客户的需求，博得她们的好感。

还是因为贫穷，我不曾上过大学，那四年我在社会这所大学而非象牙塔里度过。我不知道广告人能在大学里学到什么有价值的东西，我只知道他们只有彻底忘掉在学校学到的许多知识，才能真正上手实干。在我看来，高等教育对于一个以激发普通人购物欲为毕生事业的广告人来说，是一种障碍。

当然，在我上学的时候，学校还未开设广告学课程、销售课程或新闻学课程。我认为没有这些课反而更好。我了解过其中的一些课程,都是空话连篇,误人子弟,这让我很愤怒。曾经有人把一所优秀的专业类院校所用的广告学教程拿给我看,并向我请教应当如何改进。我说:"烧了它。""你们无权让这种糟粕充斥一个年轻人最宝贵、最灿烂的时光。如果年轻学生用四年的时间来学习这样的理论,他得花十几年的时间去忘记它们,然后他就会远远落后于同行,而且望尘莫及、难以追赶。"[1]

正如我所说,我当时很愤怒,以至于不甚礼貌,给访客留下了不好的印象。但是,实话实说,终日待在象牙塔里的大学教授,怎么能教好广告学或者其他实务性的商业课程呢?那些东西只能在真正的生意场上学到,在别处是学不到的。

我和很多人谈过关于学历的问题。我知道有的人因为自己受教育程度不高,便一味地无条件地追捧受教育程度高的人。当然这不代表我不尊重高等教育,相反,我对大学充满敬意。我后来也去大学上过课、听过讲座,而且我的家族本就与大学有千丝万缕的关系。我父母都是大学生,我就出生在校园里,我祖父是一所大学的创始人之一,而我的妹妹和女儿也都上过大学。

干我们这一行的大学生不少,比如我主管的一家广告公司就聘请了不少大学生,甚至连勤杂工这样的职位也要请大学生。我的许多客户也基本都只聘大学生,总之雇主们希望这些受过正统教育的雇员,能弥补自己在文化水平方面的短板,他们对此有很

---

[1] 正如作者所言,在他上学时,学校尚未开设广告学课程,所以他看到的相关教程应该是早期不成熟的教程。故不宜用此评价来否定现在的广告学教程,望读者明鉴。——编者注

清晰的认识。但是，我实在说不出这些大学生中有谁成了行业的佼佼者。反倒是那些没上过大学就直接从业的人，他们具备了压倒性的竞争优势。我反复斟酌自己这样讲是否合适，但是实事求是地说，**就广告业而言，一个人和农夫交谈一周学到的东西，比在现有的任何学校学习一年的获益更多。**

受到威尔·卡尔顿的影响，我最终没有成为神职人员。自我出生的那一刻起，从事神职似乎是我的宿命。我出生自牧师世家，连名字都是从著名神职人员名录中选出来的，家人们坚信我必定会以此为业，因而对我进行了严格的教导。但显然，这样的教导超过了我的承受范围。

我祖父是个坚定的浸信会教徒，母亲则是苏格兰长老会教徒，他们一起对我进行了多年高强度的宗教教育。那时候，周日对我来说真是度日如年。

白天我需要参加5次礼拜，晚上还要听乏味冗长的布道。我总是听得昏昏欲睡，他们不得不掐醒我。那一整天，除了教堂，我哪儿也不能去；除了《圣经》等宗教书籍，我什么也不能读。那时候我要么对照索引阅读《圣经》，要么就是读《天路历程》这本书。书里虽然写了一些心路指引，但没有一个是我这个年纪的孩子会感兴趣的。我一直被告诫的是，生活中的任何快乐都是罪恶；跳舞、打牌或是去戏院消遣的人都是在与魔鬼为伍；凡读非主日学校所出之书的人，日后必然备受煎熬。

说回威尔·卡尔顿，他是我父亲的大学同学，也是我年少时的偶像，著有《翻山越岭到救济院》等叙事诗作品。密歇根州近年来为了纪念他，将其生日（10月23日）定为各个学校的年度纪念活动日。

当我还是个10岁左右的孩子时，威尔·卡尔顿就已活跃于各地进行演讲。只要他来到我们所在的城市，就必定到我家拜访。他认为我家里过重的宗教氛围对孩子来说实在有些压抑。某次来访后，威尔根据那次的经历写了一首叙事诗，在他的《都市叙事诗》一书上发表，标题为"彼心已满"。歌谣里记述了一个锒铛入狱的年轻人在羁押途中把自己的身世故事讲给警长听。这位年轻的罪犯出生于一个苏格兰长老会家庭，过分狂热的宗教熏陶、极度压抑的成长环境最终迫使他走上了犯罪道路。毫无疑问，我就是歌谣里宗教悲剧受害者的原型。威尔后来还把这本书寄给了我。

那首歌对我人生的影响胜过我所受的全部家庭教育。我崇拜威尔·卡尔顿，立志长大后也要成为像他一样了不起的人。对于家人对我进行的宗教教育，我和他有一致的看法，他的支持无疑更坚定了我的想法。

从那以后，威尔·卡尔顿成了我的指路明灯，他对宗教的批判性态度给我打开了全新的视野。虽然我仍继续接受宗教教育，并在17岁时开始做传教士，18岁时去往芝加哥传教，但威尔·卡尔顿对我进行的思想启蒙使我终究不可能以神职为终身事业。

此外，还有一件事也对我影响很大。有一次，我和妹妹都病了，母亲在照顾我们期间，给我们读了《汤姆叔叔的小屋》。没过多久，有消息说同名戏剧要来我们镇上演出，我们十分心动。我努力接发传单的活儿，终于在开演前一周攒到了票钱。几经恳求，母亲同意带我们去看戏。

等待的日子真是漫长啊。终于，我们期盼已久的日子到了！那天早上4点我就醒了，好不容易挨到晚上7点，我和妹妹再也按捺不住，央求母亲带着我们立刻出发去镇公所。

在路上，我们遇到了长老会的牧师，他是个早已不知青春为何物的老光棍，孩子们总对他避之不及。我本能地预感到这时候撞见他不是什么好事。

他招呼我们，并对母亲说道："姊妹，你们出来散步呀。看到你们一家人如此和谐，我真是太高兴了。"

母亲答道："是呀，我们随便走走，不过一会儿还有别的事，我想应该让你知晓。先前孩子们病休的时候，我给他们读了《汤姆叔叔的小屋》，他们对这书非常有兴趣。根据该书改编的戏剧今晚就要开演了，这孩子弄到了几张票，我准备带他们一块儿去看。这本书这么棒，我想演出也不会差到哪儿去。"

那光棍牧师回答说："我明白你的意思，姊妹，书确实是好书，我也理解你想带他们去看戏的想法。但你要明白，这些孩子终将离开你的羽翼，到那时没了你的管束，他们必然会被剧院里的灯红酒绿吸引。当面对那些诱惑时，他们会怎么想？他们是否会告诉自己，第一场戏还是妈妈带我们看的呢，所以现在也不必纠结？"

妈妈答道:"你说得太对了,我不该起这个坏头。"于是,她立刻带我们回家了。在那一刻,我心中对母亲的敬重瞬间崩塌,再难复原。

这里我必须提到另一个人,他也对我的人生有举足轻重的影响。这个人是在铁道部门工作的工头,日薪 1.6 美元,手下管着几个日薪 1.25 美元的工人。

在我六七岁以前,身边所见多是耽于玩乐的大学生,因而我对学习生活严肃的一面一无所知。那时的我坚信,生活就是轻松愉快地游戏人间。工头的出现改变了我的看法。他使我深刻认识到,他和他手下的那些人有多么的不同。那些工人总是一副被迫工作的样子,能偷懒就偷懒,磨洋工挨到下班,等到了周六晚上就去城里把这一周挣的钱挥霍一空。

和那些人不一样的是,工头一直以饱满的热情对待自己的工作,把工作当作一种令人愉悦的游戏。干活时他常给大家鼓劲,他总说:"伙计们,今天我们把这些枕木全部铺完,让我们一起把活儿干得漂漂亮亮的!"每当这时,即便那些工人觉得工作枯燥乏味,还是会强打精神咬牙坚持。

工头白天在铁路上工作 10 个小时,晚上还要建自家的房子,他在那房子周围修了个小花园。他娶到了这一片最漂亮的姑娘,两人恩爱美满,后来他还被提拔到了更高的职位。自认识他开始,我就从与他的交往中受益匪浅。

"你看那些男孩认真打球的样子,"一次他和我闲聊的时候说,"这就是所说的'努力'的状态。现在的我每天忙着给屋顶铺瓦,和时间赛跑,我清楚地知道每天日落前自己要赶完多少工程进度。这看起来很辛苦,但我甘之如饴,我把它看作一种娱乐。

"你再看我的那些工友们,他们总是边干活边侃侃而谈,一会儿聊铁路上的事,一会儿又谈论政治。他们对铁路的了解,恐怕最多就是知道如何打钉子。而且他们以后也只会做这些,这辈子都难有成就。你知道今晚他们到处闲逛的时候,我做了些什么吗?我差不多把自家的门廊砌好了。很快我就能和妻子一块儿舒舒服服地坐在那儿享受美好生活。而他们呢,这辈子就只能到杂货店,坐在炉灶旁的肥皂箱上闲聊。那么你说,我和他们做的事情到底哪个算工作、哪个算娱乐呢?

"**人们总把有用的事情称作工作,没用的称作娱乐。但其实娱乐也可能像工作一样辛苦,工作也可以像娱乐一样有趣。无论工作还是娱乐,其中都有竞争,都需要和他人比拼,其不同点在我看来是人们的心态差异。**"

我永远不会忘记和工头进行的那些对话。他之于我,就像詹姆斯·露西之于卡尔文·柯立芝一样重要。柯立芝曾对露西说"如果没有你,就不会有现在的我",我也想对工头说这句话。

后来,我成为美国志愿者协会的负责人,对社会闲散人员有了更多的了解。我在施粥所、监狱和收容所和他们打过交道,在我看来,他们身上最大的问题不是懒惰,而是玩心过重,或者更确切地说,是有着错误的享乐观念。其实,他们中的多数人在年轻的时候也是整天从早忙到晚，这和普通人没什么不一样。只不过有些人是在球场上忙着投球、接球，乐此不疲；而有些人则是忙着耕地或者在生意场上打拼。有些人在球场上打出了全垒打，有些人则打出了人生的全垒打，取得了值得铭刻的成就。而一切区别源于他们对乐趣的不同理解。

我热爱工作就像有人热爱高尔夫一样自然、持久，至今不变。我时常婉拒打桥牌、聚餐、跳舞等应酬活动，而选择待在办公室里。我也会从乡村别墅的周末聚会中途离场，只为在打字机前享受几个小时的工作时间。

因此，就像对娱乐项目的热爱可以培养一样，对工作的热爱也是可以培养的。其实工作和娱乐本就是相通的，别人视为工作的，我视为娱乐，反之亦然。人往往能在自己热爱的事情上做到最好，比如说在打马球时获胜，在下棋时给对方一记将军，又或是打出个漂亮的全垒打等。那么，如果一个年轻人能把他毕生的事业视作他最热衷的游戏——其实也本应如此，那么他往往能够获得成功。体育运动获胜时赢得的掌声可能转瞬即逝，但事业成功赢得的掌声将终身相随。

第 2 章

在广告与营销中学习

我父亲曾在我们这座繁荣的林业城市办过报纸。人们手头宽裕，广告主们便蜂拥而至。尽管如今回看当年的广告，人们可能会发笑，感觉就像看着那些带裙撑的老式裙装一样滑稽。

那时候，业界习惯直接用商品支付广告费，于是我家自然就成了堆放商品的仓库，我记得家里一度放了 6 架钢琴和 6 台缝纫机。

父亲曾经给一种叫"苦醋"的产品做过广告。后来我了解了它的由来典故：一位匠人在制醋时采用了一种不同寻常的发酵方法，虽然没能制出好醋，却误打误撞地发明了这种气味古怪又刺鼻的东西——苦醋。那时候，人们普遍认为一种药听着越吓人，疗效就越好，这就是所谓的以毒攻毒。因此当时很多给人或者牲畜用的药油、药膏，听着就让人毛骨悚然。我们以蛇油和臭鼬油入药，恐怕也是因为它们的名字够吓人。

正因如此，当时市面上有许多味道极苦的药，苦醋是其中的佼佼者，也因此被认为疗效最佳，从而大受欢迎。父亲从生产商那里陆续收了几十瓶用于支付广告费的苦醋。人们常常会来我家选购各种商品，比如钢琴、风琴、缝纫机等，但都对药无甚兴趣，所以家里的苦醋也就越积越多。

我母亲作为苏格兰人，绝对无法容忍任何浪费行为。即便是药，她也不允许剩下。而我作为家里的病弱者，自然就深受其苦。有段时间我几乎每时每刻都被逼着喝苦醋，自那以后，我的身体一直很健康。如果苦醋的发明者还在世，我就可以亲自向他证明药效了。

父亲的报社也会为有需要的广告主印制传单，我曾认真研究并参与过制作。之后，我会找到那些广告主，请求他们把派发传单的活儿交给我。我们居住的这座城市有上千户人家，我承诺会走遍全城，给每家每户发一张传单。整个路程约 50 千米，相应的报酬是每单 2 美元。曾有其他男孩开出每单 1.5 美元的报价，但他们为了省事，会直接跳过偏远的地方，而给距离近的人家一次性塞好几张传单。我请求广告主，在做选择时除了考虑薪水问题，也要将我和竞争者们派发传单的宣传效果进行对比。于是，我很快便垄断了发传单的工作。

严格来说，这次毛遂自荐是我第一次成功的推销。这件事让我意识到，**广告营销必须以结果为导向，因为除了可知且可比的结果，没有什么能够体现服务的优劣**。自那以后，我始终践行着这一原则，我深知盲目做事在任何情况下都不可取。

我 10 岁时，父亲去世，母亲成了寡妇。从那时起，我要养活自己，同时也要挣钱补贴家用。为此我干过很多活计，这里我只挑选对我日后职业生涯有影响的讲一讲。

我妈妈曾经做过一种银器抛光膏，我的工作就是把膏体塑形后包好，然后挨家挨户上门兜售。我发现，如果我只是站在门口向主妇们口头介绍，那么只有约 1/10 的人愿意购买我的产品；但如果我能到厨房里亲自向她们展示抛光膏的使用效果，那么几乎所有人都愿意购买。

这又教给我另一项必须牢记的基本准则：**产品本身就是最好的推销员。如果没有实物样品，仅靠书面广告或者口头宣传就想把东西卖出去，实在不容易。**

我职业生涯里做过的最艰难的事，就是让广告主认识到产品试用装的重要性。他们总喜欢在广告宣传上大把花钱，指望客户在没有亲眼见过或试用过产品的情况下就下单，却没想过让销售人员把试用装展示给客户会更有说服力。

有的老板认为分发试用装会增加成本，有的则担心总会有一些人反复索要试用装却不肯购买产品。但不管怎样，靠推销员一张嘴卖货的性价比明显更低。我希望所有质疑这一点的广告人都能像我一样，拥有类似当年推销抛光膏的经历，这样一来他们就能立刻明白，有了试用装的助力，推销产品的成功率会成倍增加。正是凭借这一点，我为广告主们降低了数百万美元的销售成本。

事实上，那些街头卖货的江湖骗子也在运用这种理念。我以前时常在街角站几个小时听他们推销，四周只有手电筒射出的昏暗灯光。我现在意识到，当时自己应该是沉迷于他们的那套说辞了。他们从不会光说不练，而是必定用玄之又玄的方法向围观者展示他们产品的奇特功能。令人讶异的是，如今有许多广告主对销售技巧的认知，甚至还比不上这些人。

我还将更深入地讨论这个问题，在这一点上我颇有心得。此处提及是为了说明我从何习得关于优惠券的基本知识——自那以后，我通过杂志、报纸寄出了数亿张优惠券。这些优惠券有的能用来兑换试用装，有的甚至能到店兑换正装。我将这种方法应用于各个领域的产品推销，"试用装推销法"成了我的代名词，也让我在广告业有了一席之地。这种推销方法那么简单，那么自然，但对于每个销售人员甚至是江湖骗子都不可或缺。只有将广告视为空中楼阁的人才会拒绝借助试用装去推销。

我找到的另一种生财之道是卖书，利润高达100%，这实在是很吸引人。有一天，我听闻伟大的侦探阿伦·平克顿出了自传。毫无疑问，他是当时男孩心中公认的英雄人物。于是，我劝母亲把家里仅有的资金用来购进他的自传，然后出售。我还记得书送到时，我把他们都铺到了地板上。我坚信所有的人都在等着入手这本书，我得赶快把书卖给他们。

妈妈说，你得先从有影响力的人开始，他们会带动其他顾客。所以那天早上我就去了市长莱西格先生家，赶在他出门前到达。

莱西格先生非常热情地接待了我。

在我奋斗的过程中，我遇到过许多优秀的人，也许是同情我家里孤儿寡母的情况，他们都给了我无比热忱的帮助。和其他得到过帮助的年轻人一样，我也明白了一个道理，那就是成功的人无不乐见他人成功，勤奋者无不欣赏他人勤奋，我自己也是如此。如今有很多年轻人希望能与我结交，但要知道，我欣赏奋发努力之人，讨厌靠祖荫享乐之人，不论男女。我认为如果男女之间要求平等，那么努力的程度也应当平等，因为所有人都必须证明自己存在的价值。或许有些人因为客观因素的影响，没能赚到很多钱，但他们至少也应为此奋斗过。我厌恶懒惰者。我相信在我的影响下，许多人都在更努力地追求更大的幸福。

时至今日，我明白了莱西格先生为何愿意在那天早上那么热情地接待我。他并非出于同情，而是出于欣赏。欣赏我虽出身普通，却依旧努力奋发，渴望成功。如今的我就是这样，即便是在最忙的时候，我也从来不会将这样的好孩子拒之门外。我花了很多宝贵的时间接待他们，资助他们，给他们建议。我最欣赏的就是他们敢闯敢拼，渴望掌握自我命运的精神。

但那天早上我碰了个钉子。莱西格先生是个虔诚的教徒，我甚至认为他的某些宗教观点过度极端。他认为，那些惩治罪恶的侦探与文明社会格格不入，而他本人也早就过了崇拜英雄的年纪。他始终很认真地听我说话，直到我拿出了那本书。他只瞥了一眼，便把书扔还给我。他说："我很欢迎你的到来，你想在这儿待多久都可以，但很抱歉，我不能允许这种书出现在我家里，我只能把它丢到大街上去。在我看来，这样的自传就不该问世，它对我的信仰是一种冒犯。"

这无疑又给我上了一课。事实上，自那以后，我又遇到过许多类似的情况，比如许多人跟我讨论他们心仪的项目，比如董事会的成员总是固执地认为自己能够代表全世界的意见等。我总是敦促他们要多调查实践，摸清公众的需求。我无数次告诉他们，**大众的喜好是不能仅凭我们自己的好恶判断的**。有些人听取了我的建议并从中受益，当然也有人对此嗤之以鼻。那些妄图用自己的想法揣度大众喜好的人确实偶有成功，但十有八九都失败了。我认为让那些头发灰白的董事会成员自行揣度主妇们的需求，是再荒谬不过的。

我先前提到的卖书事件，结果其实还算不错。当时我垂头丧气地走出市长家，我从没想过，竟然会有人对我如此热爱的侦探故事有着这样负面的看法。那时，母亲鼓励了我，她说，你可以去大商店里找那些生意人，听听他们对于这本书的看法。我照做了。那里的经理自己买了一本，然后带我去他的办公室，帮着又卖了6本。最终，我购进的艾伦·平克顿自传全部成功售出。

这件事给我的启发是，**我们绝对不可仅凭自己的想法判断人性。我们自己想要的或喜欢的东西，其受众群体可能很小**。在广告业，只凭自己的喜好做事而造成的损失实在是太大了，加起来的数目恐怕都能偿还国家外债。我们身处一个民主国家，即便是面对法律条文，每个人也会持有不同的观点，更何况是对其他事物的好恶与看法。只有极度固执且愚蠢的人才会只凭着自己的喜好一意孤行。**做广告业，就像其他行业一样，必须要听取公众的意见。**

这就是本书的主旨。就好比我拥有一艘远洋游艇，但你认为我会在没有航海图和指南针的情况下冒险横渡大洋吗？显然不会。因为如果没有这些东西，我全程都只能走一步看一步。

每个人都难免受周围环境的影响，所谓"物以类聚，人以群分"，经济实力相近或爱好品味相近的人总会聚在一起。因此，我们所处地位越高，离普通人的世界也就越远，这在广告业是大忌。

我曾见过许多项目，根本从一开始就没有任何成功的可能，其原因就是决策者执迷不悟，妄图用少数人的观点判断多数人的想法。我也曾参与过这样的项目，但也仅仅是出于业务上的需求，而非本心。人是很难被说服的，不管自己所做是对是错，总要固执己见，一条路走到黑。我已尽到了自己的职责，那就是为他们指一条能以最小代价获得成功的道路，或是指明一路上可能会遇到的障碍。

这里请允许我稍做引申，**我认为成功之路必然隐藏在群众之中。这世上绝大多数人都是平民百姓，一个了解大众并且属于大众的人，其成功的机会必然更大。**

据我所知，某些在广告业取得巨大成功的人，其文化水平并不高。比如我所知道的两位广告业巨擘，其中一个连自己的名字都不会写，却凭着对普通人的了解挣了大钱，那些普通人就是愿意买他销售的东西。另一个人擅长写广告，尽管他的文稿中每句话可能都有语法错误，却能让无数老百姓趋之若鹜。毫不夸张地讲，他写的广告甚至能让一个农夫抵押自己的谷仓，只为买他推销的东西。

现在有很多大学生来我们这里应聘，说自己受过良好的教育，有极高的文学素养。但我告诉他们，他们所拥有的这些东西在广告业反而是一种障碍。因为绝大多数的普通人根本无法欣赏那些文绉绉的话。他们一看到华丽的辞藻，就会产生畏惧心理。在花钱这件事情上，人们害怕过度渲染。**过分独特的语言技巧，会导致不信任感；过分明显的推销行为，会引发抵触心理；任何看起来来自上层社会的呼吁，都会引发人们的厌恶。总之，刻意灌输为人憎恶。**我们一直在寻找的是那些能够把握大众需求的人，我们从不会过问他们的教育水平和文学素养，因为这些东西的缺失是很容易弥补的。但是如果一个人能够向我们证明他对人性有足够的了解，我们就会张开双臂欢迎他的加入。

这里我将引述两到三个例子。有一次，我偶然收到了一封信，来信者说他发现人们对成品肉馅饼有很大的需求，于是他便开始着手制作并售卖。他把自己的产品命名为"布朗太太家肉馅饼"，因为他认为人们更喜欢这种家常菜的感觉。他的生意不错，并且他提到，考虑到巨大的潜在需求，他需要资金支持去扩大生产。

我在这个男人身上看到了人类的原始本能。他的肉馅饼并未引起我过多的兴趣，但他对人性罕见的洞察力，让我大为欣赏。因此，我派人对来信者进行了背景调查。调查者发现，他在一家破旧的酒店里做夜班厨师，周薪 8 美元。我将他请到办公室，并以周薪 25 美元资助他学习广告，为我工作。他跟着我一路走来，如今已成为美国广告业领军人物之一。

另一个例子的主人公是一位从威斯康星州马尼托瓦克城到芝加哥工作的外乡人。一次，他在汤普森餐厅吃早饭时，尝到了店里售卖的烤苹果，那味道顿时勾起了他的乡愁。他对自己说："在芝加哥，近 2/3 的人都是外来的，成千上万像我一样的小镇青年背井离乡来到芝加哥。我应该将这种烤苹果广而告之，好让他们也像我一样品尝家乡味。"于是他便为烤苹果写了一则广告，把它交给餐厅老板汤普森先生。老板同意使用他的广告，随后餐厅的生意一下子火爆起来。这场广告的投放使得汤普森餐厅的客人成倍增加，也让餐厅主人成了大富翁。

绝大部分新入行的年轻人总会觉得老一辈人小看了他们。我的经验是，这个行业对有能力的人绝不会嫌多，但真正有能力的人实在是太稀缺了。我们在行业里做得越深入，便越有做不完的事。各行各业有能力的人并不多，他们都在寻找能分担工作、减轻负担的帮手。意识到这一点的人都在迫切地寻找能够理解他们的人。

汤普森餐厅的第一则广告问世时，我是一家大型广告公司文案部门的负责人，正在为本部门寻找新鲜血液。就在广告投放的那个周日早晨，我将广告作者，也就是那个从威斯康星州来的年轻人请到了我住的酒店房间。我给他开出了每年7500美元的高薪，因为我认为他是少有的能在洞察人性方面与我匹敌的人。要知道在当时，他家乡的薪酬水平还不到我开价的1/5。

他没有接受我的邀约，因为通过首个广告的成功经验，他已经找到了独属自己的成功之道。经过不懈的努力，他最终取得了成功。他通过广告向在城市漂泊的异乡人描绘了来自家乡的食物，比如甜甜圈、馅饼、土鸡蛋、黄油等。这样的经历为他的广告事业奠定了坚实的基础。

菲利普·伦南的故事也类似。他来自锡拉丘兹，在初步积累经验后，进入皇家制衣店工作。这家店主要为村镇里的年轻小伙提供服装定制服务。伦南认为大量涌入芝加哥的农村人口正代表着广阔的市场，这让他想起了几年前在自己的家乡，人们总会去"不定型服装店"购买衣服，因为在这里可以量体裁衣，定制衣服。基于这样的经历，他邀请了芝加哥的众多男士到皇家制衣店来定制服装，继而口耳相传，吸引了数以万计的顾客。我以两倍于伦南当时的薪资水平聘请了他，因为我认为他能够很好地把握客户的需求。

另一个例子是查尔斯·米尔斯。他是温顿汽车的广告制作者，是我见过的最精通人性的人。我曾以年薪25 000美元聘请他。我说："你是广告界少有的能够准确把握人性需求的人，这正是我们迫切追求的。因此，我们需要你。"

我举这些例子是为了向大家说明，**优秀的广告应当质朴而亲民；普通大众的需求，对于广告业又是多么的重要**。这个行业的新人中，有的人凭借自己强大的语言表达能力立足，有的人则靠着标新立异吸引眼球。但他们所做的，总让人觉得是自吹自擂，反而会令人厌恶。我所知道的真正优秀的广告人都是无比谦逊的，他们出身平民，同时也对这个群体有极深的了解。

平民百姓的特点就是精明谨慎，精打细算又顾虑颇多。他们在花钱购物这件事情上可不容易被糊弄过去。那些受过精英教育的人，他们所处的不同生活环境决定了他们注定无法理解这些普通人。

现如今，我们会发现那些大企业领导者都是从基层做起，一步步走上巅峰的。他们对自己的伙伴、下属以及受自己影响的人了如指掌。因此，我这点儿浅薄的经验之谈，虽然对广告人来说格外重要，但它们不仅适用于广告业，也是对从商或者从政者最基本的要求。

第 3 章

踏上从业之路

我高中毕业之前，一直立志要成为牧师。为此，我认真研习了《圣经》。当时我家最受欢迎的游戏是接龙背诵《圣经》赞诗。我们依次轮流背诗，就像拼字比赛那样，参与者一个个淘汰直至产生最终胜者，我通常就是那个笑到最后的人。我能背的赞诗比我认识的人都多，就连本地的牧师在这方面也不是我的对手，他常常来我家串门，我能背的赞诗比他多几倍。

我 7 岁就能写布道训诫，并由父亲的报社刊印出来，也经常受邀在祷告会上做些简短的布道演说。因此，所有人都认为我将来一定会走上牧师之路。高中毕业时，我代表班级在学校毕业典礼上进行告别致辞。我的毕业论文以"野心"为论点，我至今仍记得，在那篇论文中我对怀抱野心大肆批评，并极力推崇清贫与奉献精神。

毕业后的那个夏天，我每逢周日都会在任教的乡村学校传道。

那所学校离我家路程有 19 千米，但我坚持背着行李步行前往。这所学校的董事会成员都大字不识一个。学校董事会主席也是本社区的管理者，他之所以能取得如今的名望地位，还要追溯到"一个威士忌酒桶"的故事，这个酒桶现在还放在他会客厅的角落里。这桶酒是随一艘在密歇根湖失事的船漂上岸的，这位如今的主席当年在打捞到这桶酒后，慷慨地将酒分给大家，由此被大家推举到现在的地位。

除酒桶外，他的会客厅里只放了一个柴火炉和三个肥皂箱。我就是坐在其中一个箱子上接受面试的，努力向这位目不识丁的主席证明我具备任教的资格。最终我成功了，我读了一则他从年历本上找来的笑话，那本小册子就是他唯一的藏书。我流利地阅读了上面的文章，这让他大开眼界。这次的面试给我上了一课，我不能说自己大部分时间都在和文盲打交道，应当说，我是在和纯粹质朴的人打交道。我爱他们，这次面试让我对他们的天性有了更深的了解。

接着就到了我的工资问题。那时候，他们正在筹备为期两个月的暑期学校。于是我们一起去了财务总管的家里，盘点可供支配的社区资金，一共 79.5 美元，也就是我接下来的全部薪水。

为了解决住宿问题，我在学校附近找了一户人家借宿，他家里有一台崭新的手风琴，并且家中两个女孩也想学弹琴。因此，我就提出免费教她们弹琴，每周再另付一美元，以此抵偿我的住宿费。那年夏天，我每个月都能攒下 35 美元，这算是一笔不小的数目了，毕竟正式步入社会以后，我得花很长时间才能攒下这么多钱。

在那两个月里，平日我是学校老师，到了周日，我又成了社区牧师，在那里我每天都对人有新的了解。如果你继续阅读这本书，就不难发现，这段经历对我的人生至关重要。

暑假结束以后，我去芝加哥找我母亲，和她一同前往布莱顿公园，拜访米尔斯博士一家。我到达芝加哥的第二天是一个星期日。那天下午，当地的一位牧师来拜访我们。这位牧师身体病弱，第二天就要出发去外地休养一段时间。他向我们透露，他很担心自己能否顺利完成晚上的布道活动。我母亲顺势建议可以让我帮他的忙，毕竟我一直都在学习如何当牧师。

但我将此视为一个难关，因为我的宗教观点实际上已经逐渐偏离母亲支撑的传统宗教观念。我清楚地知道，一旦她了解了我内心的真正想法，就不会再支持我了。我母亲是一位虔诚的原教旨主义者，她相信原罪，相信地狱之火，当然也相信奇迹。对她来说，《圣经》记载的就是真正的历史，是受到神谕启迪写作而成的。因而，《圣经》中的每字每句都应被奉为圭臬。母亲坚信世界由上帝在 6 天内创造，夏娃由亚当的肋骨做成。我想，威廉·詹宁斯·布莱恩一定是她的偶像。

我的思想已逐渐偏离了母亲坚持的正统宗教观念，但我没有勇气告诉她一切，因为这意味着她对我的热切期望将化为泡影。

尽管如此，那一次我依然遵循本心，准备了一篇布道文。在文中我赞成人们在生活中享受无害的娱乐项目，这在我自己的成长过程中是一直被禁止的。文中还批驳了地狱之火、人类原罪，可以说是批驳了我所学过的一切教义。我甚至在文中质疑了《创世记》以及约拿和鲸鱼的故事。

当时年仅18岁的我暗下决心，决定在那天晚上的布道会上诵读这篇文章，同时也准备好直面随之而来的诸多质疑。自那以后，我再没畏惧过人生的种种艰难时刻。我想除非我仍立志成为一名牧师，否则，我的学习生涯至此已经结束。终是到了决定自己未来人生道路的时候。我到芝加哥正是为此，而这次布道就是一场试炼。

那天晚上的经历我永生难忘。那天到场的观众大概有800人，他们的平均年龄是我的两倍，但我并未把他们放在心上，我唯一在意的是我母亲。我知道，在我身后坐着的牧师是她的朋友，他们都赞成正统宗教理念。我由此真切体会到了自己的叛逆。在我记忆中，我还从未遇到过站在所有人对立面的情况。我想，这场布道应该是我这一生中最大胆的冒险。

随着发言的进行，牧师开始坐立不安，母亲的表情难以捉摸，场下的听众则满脸惊恐。待我讲完后，牧师声音颤抖着勉强支撑完成了后面的祷告。布道会结束后，听众们一言不发地离场，没有一个人愿意过来和我打招呼。那一刻我知道，我被自己曾希望引领的教徒们抛弃了。

那天晚上母亲一言不发地走回家,她没有对我说任何指责的话,事实上是什么话也没有说。但我知道,我该离开了。第二天,母亲邀请我一起去市中心位于迪尔伯恩大街的餐厅共进午餐。在餐桌上,她终于提到了昨晚的事。她说,我不再是她的儿子了。我没有再听她说下去,直接起身离开,走到街上。至此,我亲手终结了自己成为牧师的职业道路。

自那以后,母亲再也不像从前那样对我,我们也很少再见面,她永远无法原谅我的过错。尽管母亲亲眼见到我在其他职业领域取得的成就,但她从不曾和我谈论那些。的确,我令她失望了。但是,假如我所热爱的广告业也像宗教一样,让我感到压抑,那么我也同样会毫不犹豫地放弃这个行业。事实上,我也的确因为类似的原因放弃过许多大单子。我觉得每个人都应该像我一样,**因为如果一个人不认同自己的职业,不能从工作中获得乐趣,那么他绝不可能成功。我把自己的工作视为和游戏一样有趣的事,这也是我为何至今依然如此热爱自己的事业。**

在决定命运的那天,在迪尔伯恩大街上,我发现自己浑身上下只剩下 3 美元,剩下的积蓄被我留在了密歇根州。这时候,我想到不如去斯普林莱克,我叔叔在那里有个果园,现在正是水果采摘季,我可以去帮忙摘水果挣钱。

我到了港口,那里有几艘从马斯基根来的运木船。其中一条船的船长同意载我一程,便让我在船上的厨房里帮忙。抵达斯普林莱克后,靠着帮叔叔采摘水果,同时做些杂事,我每天能挣到 1.25 美元，算上之前当老师时攒下的钱，我已经有超过 100 美元的积蓄了。但我需要攒够 200 美元才能去商业学校上学。

除我以外，当时在果园里工作的还有一个与我年纪相仿的堂兄。我勤奋工作，每天干满 16 个小时，而堂兄则相反，抓紧一切机会偷懒。我祖父（他住在我叔叔家里），非常欣赏我的工作态度，还给我取了个外号叫"顽强先生"，正因如此，他决定资助我去商业学校。他手头有 100 美元，那是他全部的积蓄，是留待以后处理后事用的。他把那笔钱给了我，但要求我必须在他死后负责办好他的身后事，我自然是照做了。

那是我人生的又一重要关卡。对我祖父来说，他的两个孙子年纪相仿，而且就当时来看，并不能说谁更有潜质。加上我作为某些人眼中的"堕落者"，已令许多人心怀不满。但事实是，我靠着自己攒下了 100 美元，又刻苦勤奋工作；反观我的堂兄，他没有任何积蓄，而且不喜欢工作。对比之下，我自然成了那个得到资助的人，这足以改变我的人生。我的堂兄后来成了消防员。自那以后，我经历过太多诸如此类的关键时刻。我想人们总是更愿意把机会留给那些节俭又勤勉的人，而这样的机会往往是决定人生的重要时刻。

带着 200 美元，我去了大急流城，开始在斯文斯伯格商业学校就读。这所学校并不正规，所谓的"教授"同时也是学校创始人斯文斯伯格先生写得一手好字，也正因这一点长处，他才能摇身一变成为教授商业课程的老师。但他实在没什么能教给我们的，他对于商业的全部认知，在我们看来仅限于卖弄文采。我们与其听他上课，还不如用这6个月时间到正统大学里学一门生僻的语言。学校的培养目标是让我们在毕业以后能顺利找到一份会计的工作，但实际上我们对会计所学甚少，只不过是死记硬背一些呆板的数字。

我们真正的老师是一个叫威尔顿的男人，我们管他叫威尔顿"教授"，但事实上，他只是个看门人。威尔顿坚持对我们进行打压教育，他讲话尖酸刻薄，话中带刺，常常把我们贬得一文不值。他最喜欢的折磨我们的方式就是在拼写课上，随便抓几个字母，组成一个谁也读不出来的词，这件事总让我们感到绝望。我仍记得，有一节课，他写了一个词"charavari"，没有一个人认识这个词，于是他便让我们回去查字典，第二天早上再汇报结果。他其实非常清楚，我们根本不可能查到这个本就不存在的词，我们甚至连这个词开头的"cha"的正确读法是什么都搞不清楚，这不过又是给了他一个嘲笑我们的机会罢了。

斯文斯伯格"教授"通常在早上给我们上课，他的主要目的就是不断贬低我们，让我们感到自卑，也许自卑感对于要做会计的人来说是一种好品质，因为这样你就会甘愿一辈子困于这份单调的工作。我越来越觉得就是这样。他不断在课上羞辱我们，就是为了让我们确信，以我们的资质，日后只配做一个周薪4.5美元的会计。他带给我们的没有启发、没有鼓励，有的只是居高临下的讽刺与嘲笑。不过，他有一点还是说对了，确实不会有人愿意用更多的薪水聘用斯文斯伯格学校的毕业生。

6个月转瞬即逝，我的课程即将结束，钱也快用完了，我开始考虑重新回到农场帮工度日。一天早晨，斯文斯伯格"教授"在上课时给我们带了一张明信片，并将其作为那次课堂的主题。他说："我经常跟你们说，以后你们总能找到一份周薪4.5美元的工作，现在我手中拿的明信片就是一个机会。这是一个大急流城的生意人给我寄的，知道为什么要寄明信片而不寄信吗？那是为了省些邮费。他告诉我，他那里有一份周薪4.5美元的会计工作，想让我从你们这些学生里推荐一个人，你们不用现在就急着报名，如果你们有谁想要应聘这份工作，下课之后来我办公室，我会详细说明相关信息。"

听闻此事，我跃跃欲试，其他同学却笑了起来。他们以为这又是斯文斯伯格教授为了取笑他们而开的什么玩笑。等到那节课结束，"教授"准备下楼离开时，我是唯一一个追上去报名的人。

"教授"给了我一封推荐信，让我交给斯塔德利先生，然后我就跑到大急流城面试去了。斯塔德利先生在大急流城毡靴公司有投资股份，公司里原先那位年轻的会计，如今已被提拔成了主管，因此，需要找一个新人接替他的职位。如果那位主管认为我有资格胜任，那么我就能够得到这份工作。

经过面试，我被录取了。实际上，我做的工作并不只是记账。

还被要求扫地、擦窗户，有的时候还要干一些跑腿的活。多数情况下，不论是在办公室内还是到外面跑腿，我都不穿外套，只穿着衬衣工作。主管是个很民主的人，所以他不会干涉员工穿什么，但是这不代表他允许手下人邋里邋遢，不修边幅。为了能得到这份工作，我特意准备了两件衬衣，就是为了确保能够及时替换，时刻保持穿戴整洁。

开始工作后，有个我必须面临的难题就是如何靠 4.5 美元的周薪过活。我从一位寡妇手里以每周 1 美元的价格租到了一个单间，因为她希望自己家中能有个男人。我的餐食则在杂货店楼上的破餐馆里随便解决，每周的伙食费是 2.5 美元。这就让我有些捉襟见肘了。因为我必须留出一部分钱作为洗衣费。所以，我只好和餐厅老板商量，每周少吃两顿饭，将餐费降低到 2.25 美元。

作为一个年轻人，我精力充沛，自然也食欲旺盛。所以我常常会苦恼，我到底应该少吃哪两顿饭。我曾经尝试过不吃早饭，但是每天早上，我一醒来就发现自己饥肠辘辘；我也试过不吃午餐，但这样我就撑不过下午。所以，我只能选择不吃晚饭，总是让自己尽快跑过餐馆的位置，然后赶快回家睡觉，这样才能让自己不被食物诱惑。但这也不容易，因为食物的香味总是传遍整条街，这总让我不由得产生花掉我的洗衣费去吃饭的想法。我只能提醒自己，我必须时刻保证衬衣干净，这样才能保住这份工作。

或许我的情况听起来很可怜,但事实上并非如此。比起从前在雪松沼泽里干活的日子,这已经好太多了。至少,我拥有了独属自己的房间,不用再像以前那样,和一群铁路工人同挤在干草堆上睡觉。在我看来,只要我们知道自己是在向好发展,就没什么辛苦的。但如果我们开始走下坡路,即便只是从原先的大理石宅邸搬到稍稍便宜一些的豪华住宅,也会让人无比焦虑。

我所任职的毡靴公司,是由大急流城里许多商界大人物合资成立的。公司只在冬半年营业,所以整个夏半年里我们要做的事就是借钱融资,为冬半年的生意做好准备。投资者们会为公司背书担保,因此我其中的一项工作就是四处跑腿,递送担保协议及相应的续签协议。正是在这样的过程中,我认识了比斯尔先生,他是必胜吸尘器公司的老板。

比斯尔先生对我非常和善,正因如此,我在他那里看到了自己升职加薪的上升通路。有一次,我在他吃午饭的路上拦住了他。我向他诉说了自己每周只能花 4.5 美元,所以不得不少吃两顿的悲惨生活。我真实的生活已经足够悲惨,因而我讲述的时候只需实事求是,丝毫不用夸大就足以让人动容。然后我又向他表达了自己想吃馅饼的小小愿望。我知道有一家餐厅,他们每天的晚饭套餐中包含一个馅饼,但是每周的餐费需要 3.5 美元。因而我当时最大的愿望,就是赚的钱够我每天都吃上馅饼。

从比斯尔先生身上,我学到了关于人性的另一点。他对我所经历的贫困和付出的努力并不感兴趣,因为他对此本就认识颇深,同时也认为经历这些对一个人是有好处的。不过他也喜欢馅饼，一向无法抵挡馅饼的诱惑，在这点上他与我产生了共鸣。于是他邀请我去他家里吃馅饼，还给我介绍了一份周薪 6 美元的工作，这样我自己也能买得起馅饼了。

第 4 章

初入广告界

自那次与比斯尔先生碰面之后，我们的接触逐渐频繁起来。随着天气渐冷，我在毡靴公司的工作也日渐忙碌。

"我听说你工作很努力。"一天，比斯尔先生对我说。

我回答道："这都是分内之事，毕竟淡季时我的工作很轻松。"

他一再要求我说说具体细节，我便告诉他自己通常工作到凌晨 2 点才回家，第二天早上 8 点继续开工。比斯尔先生和我认识的所有大人物一样，也是个工作狂，常常一个人干三个人的工作。因此我的工作态度令他颇为欣赏，他还邀请我去他那里工作。

在我们初出茅庐、还未有建树时，别人会以成就以外的标准评价我们。**浅薄的人会以自我喜好为标准，但这些人的评价无足轻重；真正有智慧的人以我们对工作的积极性为标准，因为热爱工作正是他们得以成功的基础。** 他们雇用我们是为了工作，所以我们的能力比什么都重要。

从 2 月起，我开始在必胜吸尘器公司担任助理会计，月薪 40 美元。到了 11 月，我已被提拔为首席会计师，月薪也涨到了 75 美元。尽管晋升飞速，但我知道自己所在的职位上升空间并不大。

我之所以有这种想法，是因为我认为，会计对于公司来说就是人力成本，但凡是成本，总要被压缩。因此公司拨付给会计的工资预算非常有限，如果我做的工作与他人无异，那么就不可能要求得到更高的薪资待遇。高薪只会留给那些能为公司增加利润的人，比如能拉到订单创收的销售人员，或是能降低生产成本的技术人员。他们创造价值，自然也能分享价值。我清楚认识到了公司收支两类部门的不同，因此决定离开现有的岗位。

恰好在那段时间，公司经理查尔斯·B.贾德先生带了一本约翰·E.鲍尔斯写的宣传册放在我们的办公室。鲍尔斯称得上当时的广告业泰斗，如果把彼时新兴的广告业比作一个婴儿，那么鲍尔斯就是那个滋养着广告业一步步成长的"乳母"。在费城的时候，他一直是约翰·沃纳梅克团队的广告写手，也正是在那里，他创造了一种全新的广告理念，他会用另一种方式陈述事实，比如用充满感染力的口吻或是加入跌宕起伏的情节，以此达到广告宣传的目的。

那时候鲍尔斯的年薪是 1.2 万美元，在当时是一份相当高的薪资收入了。他在那个时代已经成了所有希望能做出一番成就的广告人的偶像，而且到今天仍是如此。事实上，约翰·鲍尔斯遵循的原则至今仍是广告业的重要理论基础。

后来约翰·鲍尔斯离开了沃纳梅克的团队，自立门户。必胜吸尘器公司的东部分区经理托马斯·W.威廉姆斯是鲍尔斯的忠实拥趸者。在他那里，我听到了许多关于鲍尔斯和他那充满传奇色彩的广告故事。

我记得发生在匹兹堡的一件事，当时一家濒临破产的服装企业来找鲍尔斯求助。迅速评估公司情况后，鲍尔斯说："事到如今，唯一的办法就是讲真话。你们必须告诉大家，公司快倒闭了，只有立即大甩卖才能挽救局势。"

服装企业的人坚决不同意，因为他们认为这样一来，听到消息的债主们会立刻上门逼债。鲍尔斯却说："没关系，总之要么你们实话实说，要么我立马走人。"

于是第二天，服装公司就贴出了一张奇特的广告，内容大致是"我们快撑不下去了。我们欠了12.5万美元的巨款，如今已无力偿还。我们很清楚这样的一则声明意味着什么，或许很快债主就会找上门。但如果您愿意对我们伸出援手，我们就一定能撑过去，否则我们就真的走投无路了。我们本次大甩卖的价格是……"。

这样一则广告在当时真可谓石破天惊，引来许多人蜂拥购买，商店最终得以渡过难关。

又有一次，有人请鲍尔斯为一批滞销的雨衣做广告。

"这些雨衣有什么问题吗？"鲍尔斯问道。

店主回答说："我只对你坦白，我这些雨衣上有破洞，所以卖不出去。但这万万不能张扬出去，尤其不能在广告里提到。"

结果第二天，这样一则广告横空出世，上面写道"我们积压了1200件有破洞的雨衣。它们虽然不值什么钱，但我们的甩卖价还是划算的。来看看吧，如果你觉得我们的甩卖还算优惠，那就买吧！"。

店主看到后，冲到鲍尔斯面前准备和他打一架。他叫喊着："你怎么能在广告里说我们的雨衣破了！我们以后还怎么把这些雨衣卖出去！"

"我只是把你告诉我的事实告诉大家。"鲍尔斯说。结果，店主还没来得及冷静下来，所有雨衣就卖光了。

当时正是鲍尔斯名声大噪的时候，应威廉姆斯先生的请求，他为必胜吸尘器公司写了一本宣传册，那本册子是印在牛皮纸上的。鲍尔斯有一个观点，就是"形式不应凌驾于本质"。我仍然记得那本宣传册上写的第一句话是："必胜吸尘器，您的不二选择。"

但他对吸尘器一无所知。他不了解我们的经营状况，也不了解我们存在的问题。他从未研究过主妇们对吸尘器会有哪些需求。

我对贾德先生直言道："靠这样的宣传册可卖不出吸尘器。那本册子里没有一个词能吸引主妇们买我们的产品。请给我个机会，我会凭着自己的见解也写一本宣传册。给我三天时间，然后我们比比谁的册子更有用。"

贾德先生笑了，但他还是同意了。我连着熬了两个通宵，终于在第三天，向大家展示了我写的宣传册，结果大家都决定弃用鲍尔斯的作品，而改用我的。鲍尔斯起诉了公司以索要稿费，但公司凭着我写出的宣传册证明了鲍尔斯写出的东西是多么不符合要求，拒绝使用其作品完全合理，从而打赢了官司。

当时，吸尘器业务还处于起步阶段，因此用户很少，销售额也很低。凭着宣传册打出的名头，公司批准我为扩大吸尘器销量献计献策。那时正临近圣诞，一天晚上在街上闲逛时，我突然想到何不把吸尘器包装成一份完美的圣诞礼物呢，还从没有人这么做过。于是我设计了一种产品展示架，又做了些写着"圣诞礼物至尊之选"的小卡片。然后我找到了经理，请求他帮我寄信给经销商。

他嘲笑了我关于"邮寄营销"的想法，和公司其他董事一样，他也曾是一位推销员。

他说："你可以到大街上看看吸尘器的销售情况，你一定会发现，无论在哪儿，它们都无人问津，有的经销商甚至想把它们白送给客人。我毫不夸张地说，要想让客人买吸尘器，你就得拿枪抵着他的头，把他逼到死角，让他签下保证书，这样他才肯买呢。你现在说要靠寄几封信卖东西，这还不够可笑吗？"

尽管如此，出于对我曾写出那本宣传册的战绩的信任，他还是接受了我的请求，帮我邮寄了几千封信函。在信中，我告诉经销商们，圣诞节期间，作为来自供应商的回馈，我将免费为他们赠送产品展示架和宣传卡片。事实上，不只是那年圣诞期间，此后这两件东西我一直免费提供给经销商。我从未请求顾客购买产品，请求是无用的，我只提供服务。经销商们只需要签署协议，把我们的吸尘器放置在展示架上，再配上我提供的宣传卡即可，这反倒成为吸引他们购买的卖点。

我寄出了大约5000封信，凭此为公司拉来了1000份订单，算得上是公司收到的第一批邮件订单。这个创意最终让我得以开始从事为公司创收的工作，也就是销售工作。

但即便如此，那时我也没有勇气贸然转行，这又要归功于母亲遗传给我的谨慎性格。所以我决定，白天做销售工作，晚上还是继续完成记账工作。我就这样坚持了很长时间，那段时间我时常加班到午夜，到凌晨两点也是家常便饭。

小时候我就学习过林木方面的知识，当时我通过寻找以及和伙伴们交换，收集了不少有趣的木料。这个小爱好直接影响了我下一步销售方案的选择。

我提出了一个构想，那就是将必胜吸尘器机身的用料选择多样化。如果说圣诞节时我提出的邮寄销售的想法招致众嘲，那么这一次就只有同情了。我希望能用12种完全不同的木料打造出12台机身材质各异的必胜吸尘器并作为一个系列推出。这一组产品的机身用料从白色鸟眼枫木到黑胡桃木，囊括了由浅至深各种颜色的木料。

这个想法一经提出就遭众人反对。我之前提过，必胜公司所有的董事都曾是销售人员，其中一位还曾提出过不少技术上的革新点，因而颇具影响力。他说："为什么不多跟客户宣传产品的清扫模式、专利排废装置、吸尘口轴承设计以及我的那些优秀发明呢？"

"我们的最终客户是家庭主妇，"我回答，"她们不是机械工程师。我想说些她们更易理解而且感兴趣的东西。"

他们最终让步了，因为他们曾竭力反对的邮寄营销方法被证明是极其有效的，那么这一次也就很难给出一个拒绝我的合理说辞。他们同意依照我的想法生产 25 万台吸尘器，每 12 台为一组。

其间，配合邮寄方法，我实施了一系列计划。我写信给各位经销商，内容大致如下："必胜吸尘器精选全球优质木材，推出了 12 种全新材质的吸尘器。近期，购买我们产品的经销商均可限时获赠产品展示架和相应的产品宣传册，其中也包含了对 12 种原材料的详细介绍。信封中另附一份协议，您只需签署协议，确保在产品售完前在展架上展示我们的产品及宣传卡，并在近三周内向所有顾客派发我们的宣传册即可。"**我并非在引导他们购买，而是为他们提供了一种特殊待遇，这就让我的角色发生了转变，我不再是一位推销员，而成了一个为他们谋福利的人。**因此经销商们积极响应，三周内，我们库存的 25 万台吸尘器就成功卖出。

这里插一句，上述经历就是我从业故事的开始。那是我在广告上取得的第一次成功。一直以来，我所做的任何事都基于客户的需要。此后，吸尘器销售不再只着眼于经销商，也开始关注终端用户的需要。这不仅让吸尘器的需求量成倍增长，同时也奠定了必胜吸尘器至今在行业的垄断地位。

有很多人至今仍然会说:"我没有你那样的机遇,我所走的职业道路和你不同。"每个人的境遇当然不同,但每个人遇到的情况都可能蕴藏着无数的机会。在那个年代,没有哪个行业会比卖吸尘器更难做,普通广告根本行不通。吸尘器的使用寿命通常是10年,每台利润仅1美元,因此仅用普通广告销售吸尘器是不可能盈利的。

这个行业给年轻人的机会实在太少了,在其他行业,比如在银行、木材公司、轮胎公司甚至在杂货店工作的人都比我拥有更好的发展机会。我与他们的区别只在于观念不同。我很早就意识到行政部门的开支作为企业的成本势必被不断压缩,因此我努力进入公司的创收部门,没有发展限制才能有更大的成长空间。

用料多样化构想的成功让我名气大增,随后我便开始继续构思新的创意。我去了芝加哥,在那儿看到一辆用红木装饰的普尔曼汽车,木材的颜色、质地均是上品。于是我前往普尔曼工厂,向他们询问木料的事。工厂的人告诉我,这种木材来自印度,那里的森林均归英国政府所有。所有的木材由服刑人员砍伐,再由大象运到恒河边。因为红木的密度大于水,因此必须在每根红木的两端各捆上一根普通的木头,才能让它漂在水上顺流而下。

我的脑海中顿时出现了一幅有趣的画面——政府所有的森林、罪犯、大象、恒河。在回家的路上,我的眼前真的出现了那样的场景。

但第二天早上,我被拉回到大急流城的残酷现实中。公司董事们对我描绘的印度红木的故事毫无兴趣。他们关心的只是公司开发了新的排废装置。

我和他们大声争论了许久。当听到我想让他们订购一批红木的请求时,他们狂笑不止,并再三强调购买吸尘器的客户真正需要的是灵活的清扫模式、高效的排废装置,以及优质的纯猪鬃刷头等有用的东西,而不是无用的外观材质。这真是对牛弹琴!

好在,之前的成功经历还是增加了我的话语权,我最终说服了他们为我订购所需的一船红木。等待木料运达的同时,我开始紧锣密鼓地进行准备工作。我特意准备了朱红色信头的特制信纸,信封也是朱红色,上有白色墨水书写的地址信息。我还印了200万份朱红色封面的宣传册,封面上印了个王公头像。这本册子讲述了木材的来历,旨在引起主妇们的好奇心,**没有什么比好奇心更能激发人的购买欲**。册子上的图片把森林、罪犯、大象、恒河和普尔曼汽车展现在她们眼前,让她们能身临其境地感受故事。我给经销商们寄出了10万封信,向他们宣传这种新木材。

几个星期后,这批木材以原木形态抵达。然而几个小时后,生产部门的主管约翰逊跑来见我,他快要哭出来了。"我们试着锯那些木头,"他说,"结果锯子都断了,木头还是纹丝不动。它们就像铁一样硬,根本切不动。这样一来,这船木头一根都用不了。"

我说:"振作起来,约翰逊先生,人生不如意事十之八九,有困难是正常的。他们都说靠邮寄卖货是异想天开，但我还是成功了。而你，作为这方面的专家，可不能就这么放弃。"

在终于想办法用横切锯把原木成功锯开以后，他又一次跑来跟我抱怨，说他没法在红木上钉角钉，所以恐怕是做不成吸尘器了。

我说："约翰逊，你可真把我惹急了。干脆我们交换一下工作，你帮我卖东西，我帮你钉钉子得了！"

但压力确实越来越大，新机器的生产几乎停滞，制造成本也越来越高。所以我不得不做出让步，决定混搭销售，经销商每订购一组吸尘器，其中三台是红木制作的，其他仍为原先的产品。

我很快就准备好向经销商寄信了，信中并未强行向他们推销产品，只是告诉他们购买我们的产品能得到的优惠。如果即刻下单，他们每购买一组吸尘器，其中就会有三台是用红木制成的。我们不对产品的零售价格做限制，稀缺的红木吸尘器肯定能卖个好价钱。但这样的好东西数量有限，机不可失，买到就是赚到。唯一的条件是经销商必须在所附协议上签字，确保在产品售完前在展架上展示我们的吸尘器及宣传卡片，并在近三周内随售出产品派发全新的红色宣传册。就这样，我再一次把主动权握在手中。

反响空前热烈，短短 6 周内，必胜吸尘器公司的营业额就超过了往年一整年的数额。这促进了吸尘器经销商的增加，也极大提升了主妇们对这个在当时并未普及的设备的兴趣。

自那以后，我彻底放弃了记账工作，开始全情投入广告业。

我靠着成本只要一分钱的信卖出的吸尘器数量，比 14 个跑外勤的推销员卖出的加起来还要多。同时，正因为我们的产品有了更多的卖点，我们的销售人员卖货变得更加简单高效。配合经销商进行的推广，必胜吸尘器公司一步步有了如今的行业地位，占据了 95% 的市场份额。随着需求的不断增长，我认为必胜吸尘器公司已经成为大急流城首屈一指的企业。

我的工作是每年策划三个销售方案，均围绕机器的外观装饰和用料展开。例如，我找到一位专家，他在贴面着色方面拥有专利。他的方法是将染色液倒在木板下部，液体顺着贴面不断渗透，直至纹路显现出来，最终呈现一种奇特的美感。我给成品木料取了个好听的名字，然后把样品随信寄给经销商。

再比如，我向经销商们提出，向他们限量出售镀金吸尘器，也和以前一样一组里面有三台，是我们在芝加哥世博会上展出的吸尘器的同款。这就相当于把世博会的展台设在全国各地的上万个橱窗里。

但两三年后，我发现自己逐渐才思枯竭。吸尘器外观上能做的革新实在有限，要想出新的创意越来越困难。我觉得自己快要江郎才尽了，因此开始着手寻找更广阔的发展领域。

就在那时，芝加哥的洛德与托马斯广告公司第一个向我抛出了橄榄枝。他们公司有一位名叫卡尔·格雷格的广告策划人，即将离职到《洋际报》负责发行工作。因为注意到我在吸尘器销售方面提出的一系列有效举措，他们决定让我接替卡尔的职位，开出的薪酬条件比我在必胜公司的要优厚许多。因此，我将自己想要跳槽的想法告诉了必胜的高层，他们为此特意召开了一次董事会。事实上，董事会的每一位成员都曾强烈反对过我的想法，他们将我提出的方案批得体无完肤，并且从未停止嘲讽我提出的一系列关于吸尘器用料的构想。但这一次他们一致同意按洛德与托马斯广告公司的工资水平给我涨薪，因此我暂时打消了离职的念头。

但我知道，这一切都只是暂时的，我已经感受到了一片更广阔的天地在召唤我，洛德与托马斯广告公司的邀请无疑激发了我的雄心壮志。因此，不久后在我得到一个更好的机会时，我便从必胜公司辞职了。

第 5 章

一番新天地

这一时期可算是我人生中最悲惨的阶段。一方面，如果继续留在大急流城，我很难再有发展；而另一方面，洛德与托马斯广告公司的邀请又让我在业内名头更响。两相对比，或许也有我身上来自母亲的苏格兰血统的影响，那时的我野心勃勃急迫地希望摆脱现状，谋求更好的出路。

但当时我已在大急流城安家落户，全部的人际关系都在那，而我本人在当地也小有名气。我清楚地知道如果要离开这里谋求更好的发展，就必须割舍一些很重要的东西。

我认为按照常理来说，我的追求是正确的，因为有远大理想永远不会是坏事；但内心深处，我羡慕老朋友们宁静平和的生活。如今我依旧会时不时回大急流城看看他们。他们没有过多的欲望，只求衣食无忧，能够安居乐业。反观我的一生，虽然经历大风大浪，但也并不比他们过得更快乐。名利于我如浮云，我始终还是希望自己能走一条平静安稳的人生道路。各位正在阅读的这本书，正是我在邻近大急流城的一座花园里创作的，是我的思乡本能把我带回了那里。如果把我和老朋友们的人生放在一起比较，很难说到底哪种选择更明智。

那时芝加哥的斯威夫特公司正公开登报招募一位广告经理，那是一家食品加工公司。我调查了企业信息，发现他们资本雄厚，公司净资产达1500万美元。并且我还通过询问得知他们计划每年在广告上投入30万美元，这足以使他们跻身国内最大的广告主行列。我认为，如果未来进入这家公司，我能获得的发展机会将是在必胜公司的十倍，甚至还可能更多。所以我决定去应聘，我认为以我的能力，要得到这份工作应是十拿九稳。密歇根州是我的地盘，我在那儿能呼风唤雨。所以在决定去芝加哥应聘的那一刻，我从未想到在不久后的将来，自己会在他乡被人当奴隶一样对待。

我到芝加哥后，立刻去了公司所在的畜牧场，然后见到了里奇先生，他是人造黄油制造部门的主管，也是公司里极力主张加大广告投入的人之一。

"里奇先生，"我说，"我专程为这个职位而来。"

他亲切地对我笑了笑，询问我的姓名和联系地址后，把我的名字记在一张纸上，那上面已经写了不少人名。

"那些人是谁？"我看着纸上的人名问道。

"哎呀，他们是其他的应聘者呀！"里奇先生说，"除你之外还有 105 个人，你是第 106 个。"

我吓了一跳，没想到竟有那么多人认为自己有资格担任这样重要的职位，真是不自量力！

于是我对里奇先生说："我这次来主要是想横向比较一下，看看自己在业内到底处在什么水平，并非真的认为自己志在必得。我很喜欢自己目前在大急流城的生活，在那里我很幸福。但这一次对我来说是一个很好的挑战，所以我也会尽全力证明自己是最适合的人选。"

里奇先生笑着说："去吧，愿上帝保佑你。我们期待你的精彩表现。"简短的谈话之后，他便让我离开了。

我和芝加哥所有的大型广告公司都曾有过合作，所以那天下午，我便去一一拜访，请求他们立刻去信给斯威夫特公司暨芝加哥联合牧场的里奇先生，谈谈自己对克劳德·霍普金斯，也就是我本人的看法。所有人都爽快答应。我知道他们中有些人很擅长写阿谀奉承的话。

当天晚上，我赶回了大急流城。那时候我恰好受本地商会委托写一部关于大急流城历史的书，他们对我的作品非常满意，这也让我得以结识不少商界要人。于是第二天一早，我便开始拜访这些大人物，首先是银行家，紧接着是家具制造商和批发商，最后是其他行业的商人。我花了好几天时间和他们联络感情，就像我曾对芝加哥的广告商们说过的一样，我也请求他们每个人写信给里奇先生，从广告文案与策划角度谈谈对我的看法。一时间推荐信纷至沓来，如潮水般涌向里奇先生。

接着，我又找到《大急流城先驱报》，对他们说："我想开个有关广告学的每日专栏，教大家如何做好广告。你们不用花一分钱，我唯一的要求是允许我在文章上署名，并在版面上随文刊登我的照片。"他们同意了，于是每晚下班后，我都要写一篇专栏文章，然后骑车前往报社，赶在午夜前交稿。实际上，我写每一篇文章的意图，都是向斯威夫特公司和里奇先生展示自己对广告的认识。因而文章一登报，我就把它们寄给里奇先生。

就这样日复一日地忙碌了三周之后，我终于收到了斯威夫特公司发来的电报，邀我到芝加哥洽谈。我虽动身前往，却仍然犹豫是否应该接受这份工作，因为我比以往任何时候都更强烈地认识到，如果离开大急流城，我就必须忍受孤独。但鉴于做事要有始有终，所以我还是去了。

先前因为事情还未敲定，我和斯威夫特公司没有讨论过职位薪酬的问题，所以我就想倒不如提出一个高于他们可接受范围的薪酬水平，好让他们主动拒绝我。我的确这样做了，L.F. 斯威夫特先生（时任总裁老斯威夫特之子，现任公司总裁）当即拒绝了我。他不曾读过我的推荐信和文章，因此对我并没有什么特别的印象，他所考虑的只有我过于离谱的薪酬要求而已。

见此僵局，里奇先生提出，不如等下午再开一次会讨论薪酬的问题再做决定也不迟。他邀请我共进午餐，在餐桌上他以父亲般的口吻劝说我，他指出我在大急流城的发展空间太小，并且日后也难有改观。而一旦进入斯威夫特公司，就等于进入了业内最优秀的广告部门，能接触到的业务体量极大，在那里我将会有无限的发展空间。他认为拒绝这样一个千载难逢的机会实在太愚蠢了。最终我被说动了。下午的会面上，我接受了公司开出的薪资待遇，并承诺三周后正式到岗。

第二天早上，我回到位于大急流城的家中，我看着正坐在门廊里的家人们，看着院子里郁郁葱葱的大树和遍地的鲜花，不禁将之与芝加哥的畜牧场进行了比较。在那里，目之所及唯有脏污的牛棚和猪圈，就连去往办公室的道路也泥泞不堪。想到这里，我又开始为自己的选择感到后悔，我付出的代价似乎过大了。要不是因为已经对芝加哥那边做了承诺，我想那天早上我必然会选择留下，继续我籍籍无名却平静安逸的生活。即便是30年后的今天，回望人生，我依然觉得那天早上我应该留下。

三周后我如约前往芝加哥。我在43街找了住处，在那里能搭到车去畜牧场。房间又暗又脏，而且狭小拥挤，我每天必须爬过行李箱方可上床睡觉。我在梳妆台上放了一张大急流城的家的照片，以寄思乡之情。但每晚入睡前我又必须把照片反过来放，只有见不到才不至于因乡愁过浓而难以入眠。

第二天早上，我前往畜牧场准备开工。那天里奇先生恰好不在，所以我被引荐给先前见过的小斯威夫特先生，然而他却不记得我了。我说："三个星期前，您聘了我担任公司的广告经理。"

"哦，是吗？"他回答道，"我完全不记得了。如果你真的被录用了，那就去找豪斯，跟他商谈具体事宜。"

背井离乡赴职却受此对待，我深感挫败。况且我有自己的骄傲，毕竟在大急流城时，我家喻户晓，难免自视颇高。

事实上，我受到的冷遇比预期得更多。我被录用时，时任总裁G.F.斯威夫特先生正在欧洲度假。那是他第一次放长假，可没过多久，他就忍不住回来工作了。一见到我，他就问我在公司里做什么工作，当被告知我做的是"烧钱"的广告后，他立马对我表现出强烈的反感，而且此后始终没有改观。

他的态度立刻让我的位置岌岌可危。他的商业帝国不是靠广告建立起来的，不用迎合任何人，也不求人照顾生意，他习惯凭硬实力竞争。他轻视广告人就如武将轻视诗人一般。

这使我的职业道路变得无比艰难。我之前任职的公司工作环境温和，同事关系融洽。但在这里我深感职场险恶，但凡有新想法提出，公司上下必然有反对的声音。要知道，30年前的食品加工企业与如今的大企业是完全不同的。

老斯威夫特是一位虔诚的教徒，我知道他是在做自己认为正确的事。毕竟在那个商场如战场的年代，没有人会手下留情，所以老斯威夫特的铁腕手段不是没有道理。他像一个独裁者统治着自己的商业帝国，但这种理念后来损害了公司的名声。

他是个好斗之人，而我不幸成了他发泄情绪的活靶子。我资质普通，又是在他不知情的情况下进入公司的，还花着他的血汗钱——在他看来做广告就是浪费钱，因此我必须承受他的怒火。

公司里畏惧他的大有人在，而我就是其中最战战兢兢的那一个。

在老斯威夫特眼中，做广告首先是在公司的冷藏车上贴上显眼的标志，配上闪亮的标语。车子满城跑，就是再好不过的天然广告。但我写的标语永远也达不到他的要求。

其次是定制公司年历，对此他有相当明确的看法，我却不能认同，自然也就无法给他一个满意的结果。

有一天，他让我准备一张牛肉切面的图片挂到制肉厂里做宣传。我意识到这次任务对我来说至关重要。于是我请了6个摄影师，并选了仓库里品相最好的牛肉请他们拍照。第二天早上，我给他送去几十张样片供他选择。

不料，没过多久我就看见老斯威夫特拿着那一大沓照片冲出办公室，宛如一头愤怒的公牛。他特意在距我办公桌6米开外的地方停住，把照片扔向我，然后继续走过来说："你觉得这些照片上面的东西看起来像牛肉吗？上面怎么没有颜色？你觉得会有人对黑乎乎的牛肉产生食欲吗？"

我解释说，因为照片不是彩色的，所以没法展现色泽。听罢他说："我知道公司里有个女孩能画彩色的牛肉，我会把这个任务交给她。"自那以后，那个女孩在公司里的地位便远远高过我了。

当时公司的主要广告项目是宣传自有合成猪油品牌"康拓苏特"，而竞争对手费尔班克公司也在宣传他们的品牌"康拓莱尼"，并且已经取得了一定的进展。因此那段时间，我的主要任务就是对抗费尔班克公司。

两个牌子的合成猪油产品相似性很高,均由棉籽油和牛油复合而成,主要作为烹调用,是猪油甚至是黄油的平价替代品。

"康拓莱尼"作为最早问世的原创产品,具有巨大的先发优势。而大家期望我,作为一个广告人,能通过有效的宣传手段,后来居上,一举击败对手。这就好比现在有一种不知名的肥皂品牌想对抗"象牙牌"肥皂一样困难。

于是,我们在波士顿设立了营业部,开始在新英格兰地区做广告。有一天刚上班,小斯威夫特先生就来找我。他说:"我父亲对花那么多钱做广告很是焦虑,他认为这完全是浪费资金。而且到目前为止,效果还不尽如人意。你来了近6个星期,但'康拓苏特'的销售额几乎没有增长。"

其实他并非指责我,也不需要我解释什么,因为他很清楚广告运作才刚刚开始。但我由这次谈话意识到,自己应该想出一些立竿见影的方法以解燃眉之急。

那天晚饭后,我一边在街上散步一边进行自我剖析。为什么我能在大急流城大获成功,在这里却遭遇了滑铁卢?我过去的经验是否能对解决如今的困境有所启迪?

就这样到了午夜时分,在印第安纳大街上,我终于想到了一个主意。在大急流城,我的策略是营造氛围,突出产品能吸引人的亮点。我并没有直接逼迫客户放弃其他选择来买我的产品,我只是为他们创造了一种产品吸引力,他们自然会心甘情愿地购买。

那么何不把这些理念运用于"康拓苏特"的销售呢? 当时罗

斯柴尔德公司旗下恰好有家商场刚刚竣工,即将在两周后举办开业庆典,这是千载难逢的机会。我认识他们的广告经理查尔斯·琼斯,于是决定第二天就去拜访他,告诉他我有一些能帮助增加开业典礼关注度的想法。

罗斯柴尔德的新商场位于五楼,里边有一面临街的大飘窗。我请求他允许我利用那面窗户做一项特殊的橱窗展示。"我想打造一个世界上最大的蛋糕在开业典礼上亮相。"我说,"我可以保证,配合纸媒上的大力宣传,它一定会成为开业庆典最大的亮点。"

我的构想是用"康拓苏特"代替传统黄油做这个蛋糕,借此可以把"康拓苏特"定位成一种比猪油甚至比黄油更好用的产品。

琼斯先生接受了我的提议。我随即到隔壁的霍尔萨特烘焙店请他们制作一个一层楼高的蛋糕。他们把蛋糕装饰得美轮美奂,并且还照我的要求做了一些小罐子。

开业庆典当天,我在报纸上登了半个版面的广告,打出"世界上最大的蛋糕"的宣传。那是一个星期六,当天晚上商店就要正式开业。晚饭后,我准备去商场亲自看看,谁知刚到离目的地还有很长一段路程的道富银行,我就发现车流拥堵。于是我下车步行,随着前方熙熙攘攘的人潮走了很久才到达商场。我发现大楼入口均已关闭,而且每个入口处都站着一名维持秩序的警察,显然,此时的商场已经无法容纳更多的人了。

接下来的一周,热度丝毫不减。由于电梯运力有限,有 10.5

万人只能走楼梯去看那个巨型蛋糕。我在商场里安排了解说人员，为顾客们派发"康拓苏特"的小样并进行介绍。我们还举办了"猜重量赢奖品"活动，只要购买"康拓苏特"，就可以参与猜蛋糕重量的活动，参赛者中最接近正确答案的人将获得礼品。

经过那一周的活动，"康拓苏特"在芝加哥成功实现了盈利，收获了近万名产品用户。

我随即组织了一个团队，比照芝加哥的成功模式，到东部各州开展巡回宣传。团队中除我以外，还有一名蛋糕烘焙裱花师和三名解说员。

我们首先去了波士顿，活动在科布-贝茨-耶科萨商店举办。但活动开始还不到一个上午，商店方面就强行要求我们提前结束，这是因为冲着我们来的人实在太多了，导致无人再光顾商店里的其他商贩。

告别波士顿，我们接着往纽约市区进发。这一路上，每到一个新城市，我们都会对活动方案进行一定的调整。我们会找当地最有名的烘焙师，向他展示我们在其他城市的活动剪报；我们会邀请他制作陈列用的蛋糕，并答应在广告中对他这位制作者进行大力宣传，而这一切只需要他购买一到两车"康拓苏特"即可实现。我们还会与当地最知名的商场合作，向他们证明"蛋糕展示"能为商场招徕多少人气，并答应只要他们订购一车听装"康拓苏特"，我们就把蛋糕放在他们店里展出。

无论到哪儿，我们都用上述方式先确保卖出足够数量的产品以提前锁定利润。然后，我们会雇几个报童在大街上做宣传，他们叫卖着："晚报，晚报！超大蛋糕即将亮相！"吸引人们的注意。结果，所有合作的商店都迎来了大批慕名而来的顾客，而我们也在每个城市发展了数以万计的稳定客源。

最后一站，我们来到克利夫兰。那里有个公共市场，因此我们不能像之前一样，一车一车地把货卖给商店。经市场管理方允许，我们可以直接在市场内举办活动，并且在一周内可以使用他们的报纸版面进行宣传并调用人手配合。结果，活动期间由于人流过大，政府不得不出动一半的警察维持秩序，市场里也拉满了各种秩序绳。我不知道市场里的其他摊贩那个星期生意如何，但我们确实是取得了不错的销量。

当我回到芝加哥时，小斯威夫特先生盛赞道："这是我有生之年见过的最优秀的广告活动。父亲和我都认为你的表现非常出色！"

自此，我获得了公司的器重与信任。

许多人会说，我所做的那些并非广告。他们认为做广告无非就是想些漂亮的广告词而已，但事实上，人们已经见惯了那些，就算广告词再好也很难有明显效果。如果想知道如何推销商品，还得看推销员甚至是卖假货的江湖骗子是怎么做的。亲自看他们推销一次比学多少理论知识都更有用。

我不赞同某些人认为推销员只靠一张嘴就能顺利卖出东西的观点。我曾经花了几个小时去认真了解他们的主张，一些人为了推销，甚至不惜睁眼说瞎话，把礼服说成是潜水服都不出奇。这些外行人是不可能让客人心甘情愿掏钱买东西的。**销售产品的正确方法应是立足产品本身，也就是充分发挥试用装的体验功能和销售人员的演示作用，演示越吸引人，最终的效果也就越好。能做出好广告的人，不必出身高贵，或时刻保持谦和有礼，但必须知道如何激发普通人的兴趣**。这就像是查理·卓别林和罗伯特·曼特尔，或者《舞会之后》和《月光奏鸣曲》之间的区别。我们要想卖东西，就必须去迎合千千万万的买家。

第6章

一切为了客户

尽管我的营销一时间大获成功,但好景不长,那些广告在不久之后似乎失效了。这一切皆因"康拓莱尼"的降价而起。糕点师是我们最大的客户群体之一,作为专业人士,他们很清楚"康拓苏特"和"康拓莱尼"本质并无不同,但"康拓苏特"比降价后的"康拓莱尼"每磅贵了1.5美分,他们自然会选择价格更低的产品。

斯威夫特公司是在激烈的市场竞争中建立、发展起来的,所以知道自己绝不能高于市场价而进行定价。因此在传统策略下,不论别家降多少,他们都跟着降价。但如果同步降价,公司的利润空间就无法得到保证。

事实上,普通个人用户在广告的吸引下还是愿意继续购买我们的产品;但糕点师不同,他们绝不愿意多花一分冤枉钱,而这部分业务的占比又相当大。比如当时,我们在波士顿有一个营业部，由奥尔德里奇先生负责，下面有 6 名推销员，营业部每月的运营成本为 2000 美元。"康拓苏特"先前热销到营业部几乎不接受赊购客户的程度，现在却因为价格偏高，在糕点师那里几乎要卖不动了。

一天，斯威夫特先生把我叫到他的办公室，他说："我这里有封波士顿营业部寄来的信，他们说按你给出的产品定价，目前没办法，未来也不可能卖得出货，我完全赞同他们的说法。"

"他们错了，"我答道，"真正优秀的销售人员，不管定价多少都能把货卖出去。既然我能想出法子让普通用户心甘情愿地多花点儿钱买我们的产品，为什么他们不能想办法让糕点师也来买呢？"

"那么你能做到吗？"斯威夫特问。

我告诉他我有这个能力，只要按照我的方法来，不论是普通用户还是糕点师，我都能不降价把货卖给他们。

"那么，你最快什么时候能去波士顿？"

"两周之内，"我答道，"目前我手头还有很多工作要处理。"

"可以今天下午就动身吗？事态紧急，我们在波士顿损失了很多钱，我想在下一步决策前弄清楚情况到底如何。"

"好的，我今天下午就出发。"

于是，我立刻回到办公室做准备。我的办公桌上堆满了需要处理的重要文件，把事情交代给助理后，我便拿上刚刚提交给我的电车广告卡图样出发前往波士顿，图样上印了馅饼的图案。

到达波士顿后，我见到了奥尔德里奇先生，他显得很沮丧，又有些怨天尤人。他把在信中跟斯威夫特先生说过的话又对我复述一遍，还说我的那一套都是纸上谈兵。他认为根本没有人能在产品售价高于"康拓莱尼"的情况下把"康拓苏特"卖出去。

"有哪些客户不愿意买'康拓苏特'的，你把他们的名字告诉我。"我对他说道。

"没有哪些，全部都是。周边那些店都不愿意买我们的东西。"他回答。

"那就随便选一家吧。"

"好吧，就选切尔西的福克斯馅饼公司吧，这家规模最大。"

"马上带我去找他们。"我说。

奥尔德里奇先生照做了。当我们到达时，福克斯先生只穿了件单衣在烘烤房里忙活。

等他忙完出来见我们时，我发现他似乎表现得有些烦躁。或许是因为他很忙，又知道我们手头没什么他想要的东西，所以便打算快点儿把我们打发走。

尽管察觉到他态度不善，我还是像老友一般热情地跟他打招呼。我说："我是斯威夫特公司的广告经理，我知道您是做馅饼的行家，所以特意从芝加哥赶过来向您请教关于馅饼宣传卡的事情。"

我把图样摆在离我们约15米远的地方，然后走回福克斯先生身边，请他仔细端详。

"您看那张图，"我说，"我们想做这种样式的馅饼宣传卡，所以要在卡面上印最完美的馅饼图案。我们为此已经花了很多钱，光是请人画馅饼图样就要250美元；然后还得把图样刻印出来。您看这个馅饼图案的颜色是不是很逼真？那是不同颜色印染了12次才达到的效果。"我尽可能详细地把整个制作过程解释给他听。或许因为我所说的一切是他作为糕点师闻所未闻的，他显得格外感兴趣。

我告诉他，在卡片大批量投产前，我真诚地希望他能从专业人士的角度给出对馅饼图案的意见，只有他认可，我们才算最终定稿。

他立马从糕点师变身为一位评论家，开始和我讨论卡片的问题。每当我指出图上的一些不足，他就会加以辩驳，告诉我这不算什么问题。我想在我之前，应该从来没有人这样向他请教问题，听他的意见。和别人一样，他也很享受这种指导别人的过程。

最后，他得出了一个结论，那就是这张图上所展现的已经是一个完美的馅饼，没什么可改进的了。他还说如果自己能做出那么好的馅饼，那么垄断整个波士顿的生意都不在话下。

见他态度积极，我趁势劝他在我这订一些宣传卡。我说："目前整个波士顿有多少家店在卖您家的馅饼？"

"大约1000家。"他回答。

"您今天帮了我这么大的忙，我想做些什么以表达我的感谢，"我说道，"这样吧，我把波士顿地区蛋糕宣传卡的独家使用权给您，您可以在每家卖福克斯馅饼的店里都放上一张做宣传。不过请理解，我得在那些卡片上给我们的产品也打打广告，上面就写一句'福克斯馅饼，起酥专用康拓苏特'，您每买一车'康拓苏特'，我就送250张卡，如何？"

他接受了这个提议。为了拿到1000张宣传卡，他最终订购了四车"康拓苏特"。

有了这第一次的成功，我便开始推广这种合作模式。我去了普罗维登斯，和阿尔特曼烘焙店达成了同样的合作。接着我又到了纽黑文、哈特福德、斯普林菲尔德等，覆盖了新英格兰地区所有的大城市。每到一个地方，我都成功地和当地顶尖烘焙店达成合作，一下子卖出去不少"康拓苏特"。这些店主知道，尽管购买"康拓苏特"会让他们稍微多花一点点钱，但宣传卡会让他们获得明显的竞争优势。

当我重回波士顿的时候，我带回的订单比6个推销员在6周内做成的还要多。但奥尔德里奇对此不屑一顾。

"你这不是在卖'康拓苏特'"，他说，"你只是在卖馅饼宣传卡而已。如果不用馅饼宣传卡，我不信你还能有其他什么办法。斯普林菲尔德的曼斯菲尔德烘焙公司是我们的大客户，我知道你已经把那一片的馅饼卡独家使用权给其他烘焙店了吧，我想看看没有了这个灵丹妙药，你还能用什么办法搞定这家店。"

我立刻出发前往斯普林菲尔德，在星期六傍晚抵达。我到了曼斯菲尔德烘焙店，发现泰迪·曼斯菲尔德正在工作。我在一旁耐心地等他忙完，然后对他说："泰迪，我今晚要去参加一个商务俱乐部的晚宴，但我这次是独自一人来斯普林菲尔德，我不想一个人去那个晚宴。他们同意让我再带个人同去，所以我想邀请你。"

泰迪拒绝了。他说自己从未参加过宴会，也没有合适的礼服。我告诉他，不必在意，我也只会穿着现在的这身便服去宴会。最后他同意了。

对泰迪·曼斯菲尔德来说，那是个美妙的夜晚。在宴会上，他第一次和本地的大人物们近距离接触，他玩得很尽兴。那晚在我住的旅店门口告别时，他表现得非常友好。

我说："星期一早晨我再来找你，我会给你看一件非常有趣的东西。"

"我知道不该这样说，但是，请不要来找我，"他说，"今晚你真的对我太好了，所以我觉得自己没办法拒绝你。但是我已经囤了太多'康拓苏特'，我的地窖里差不多放了40包。我真的很高兴你愿意再来找我，但是请不要再劝我买更多'康拓苏特'了，你知道的，我实在负担不起了。"

星期一早上我去找他，和往常一样，泰迪·曼斯菲尔德正忙着干活。我说："泰迪，我今天来不是想跟你谈'康拓苏特'。你应该知道，我作为斯威夫特公司的广告经理，能想出很多别人想不到的点子。如今你的烘焙店在斯普林菲尔德已经很有名了，但出了这座城市，还没有人认识你。所以，我有个提议，可以让从斯普林菲尔德到芝加哥的所有人都看到曼斯菲尔德馅饼的广告。"

接着我全盘告知了我的计划。如果他能订购两车"康拓苏特",我就在运货车的车身贴上宣传标语,就写"斯普林菲尔德的曼斯菲尔德馅饼店将全面使用'康拓苏特'制作糕点"。"不止一面车身,"我说,"而是两面。这样一来,运货车从芝加哥开到斯普林菲尔德全程近 1500 千米,公路沿线的居民和一路上经过运货车的所有人都会看到曼斯菲尔德的大名。"

这个提议,就像那些从前或是日后吸引了无数广告主的巧思一样,成功吸引了泰迪。有人认为我的点子很蠢,但它绝不会比"让所有人都知道自己的名字"的想法更愚蠢。泰迪是那个时代普通广告主的典型代表,他一心盼望的就是提高知名度,所以自然接受了我的提议。一周后,运货车抵达斯普林菲尔德后,我随泰迪一起去接车。当他看到贴着曼斯菲尔德馅饼宣传标语的汽车,想到它们为自己的品牌兢兢业业宣传了一路,他非常高兴,我很少见到有人像那天的泰迪·曼斯菲尔德一样兴奋。

鉴于我到波士顿仅一周,就完成了超过 6 个推销员 6 周业绩总和的订单,而且没有客户抱怨价格太高,斯威夫特先生深感波士顿营业部其他人的无能。他打电话给我,要我解雇营业部的所有职员。但我请他等我回去,详细听过我的推销理念以后再做决断。

当我见到斯威夫特先生时,我向他阐释了自己的理念:"我很少直接和客户谈起购买'康拓苏特'的问题。在他们眼里，我卖的不是'康拓苏特'，而是馅饼宣传卡和广告计划，'康拓苏特'只是顺带销售的。"

"那么，我希望你能把这种方法教给公司的其他销售人员。"

"这没法教，"我如实回答。事实上，我到现在依然这样认为。其他人和我的区别不在于销售方法，而在于销售理念。为自己谋利是人之常情，但一般的销售人员总是在客户面前过分明显地表现出这一点。他们最常挂在嘴边的话是："快来买我的东西，不要买别家的。"这会让客户觉得他们只考虑自己的利益。人总是利己的，客户们也不例外，因此自然会对只考虑自己的销售人员产生抵触心理。

而我是把服务卖给客户。**我会把谈话重点全部放在如何帮助客户扩大业务，而非如何为我自己增加业绩。我尽心竭力地帮助他们，从而削弱了他们对我从中取得好处的关注。**

我始终坚持在广告策划中贯彻这种原则。**在我的广告里，我从不直接要求客户购买产品，甚至连购买渠道及价格都很少提到。我的所有广告都围绕服务展开，或附赠试用装，或赠送免费样品，这使我所做的一切看上去都是那么为客户着想。正因为他们需要服务，而我恰恰提供了服务，所以我的广告才能受到客户的关注与回应。站在自我角度进行的推销永远也不可能达到这样的成效。**

现如今，这种原则也被广泛应用于上门推销。比如，卖刷子的上门推销，一定会主动送刷子给主妇们；卖铝制品的会送盘子；

卖咖啡的则必然要送半磅咖啡以供试饮。正因如此，主妇们总会以笑容与耐心欢迎他们的到来，然后出于本能掏钱下单，尽力回应这种善意。

再比如，吸尘器制造商会为客户提供为期一周的试用服务；电动机制造商亦是如此，在一周的试用期内，用户可任意使用商家送来的机器，可以装在缝纫机上或电扇上测试动力；雪茄制造商会把一箱箱雪茄送到想要的人手中，然后告诉他们可以先免费试抽十根，满意再付钱，不满意就退货。可以说，所有货物都要接受包退包换的条款，几乎每一件商品售出后都可能面临退货。**任何优秀的销售技巧，不论是依托书面广告还是当面推销，都必然建立在某些具有吸引力的服务之上。**

优秀的销售人员会认真钻研如何让自己的推销变得比其他人更有吸引力。假如有一个销售对客户说："您先付款，如果使用后不满意，我立即给您退钱。"那么马上会有其他销售说："买我的东西不着急付钱，可以先试用，再决定要不要，到时再付款或者退货。"

我邮购过很多书。许多杂志几乎每一期都会有书籍推介板块，我总能从中找到自己想看的书。那些广告从不让读者直接寄支票买书，要不是这样，我想我会少买很多书。因为我的支票本一直放在办公室里，所以每当我看杂志想买书时，支票本基本不在手边。而到了第二天，我在办公室时却经常忘记要买书这回事。他们的做法是先把书寄给客户，我只需要把杂志上订货单撕下来放进口袋，等第二天早上寄出去就可以了。

在我早年做广告的时候，我那一套销售理念还很新颖，并且我相信自己是首批运用这种理念的人，自然也由此创造出不少实操方法。我的广告从不会直接推销什么，即便是为零售店设计的广告也是如此。我会主动为客户着想，会谈及我能提供的服务、优势，能赠送的礼物以及带给他们的满足感，但绝不会提到我的真实意图。

我认为上门推销的商贩必须坚持这种理念，否则他们能做成的生意一定极其有限。邮购行业也是如此，毕竟运用上述理念的成果是显而易见的。但即便如此，依旧有某些一叶障目的广告主选择忽略这些事实，始终固执己见。生活中，我们总能看见某些广告主与客户对话时三句不离自己的品牌。他们会对客户说："买我的牌子吧！一定要到门店买正版产品！"他们表露出来的全部意图都是为了自己的利益。这样的广告也许会产生一时的效果，但永远不可能像那些看起来为客户着想的"无私"的广告一样有效。

在我的广告理念中，试用装是很重要的。但是斯威夫特公司拒绝送出任何赠品，导致我的试用装推销法无法施展。我们做过羊毛皂、洗衣粉、早餐香肠、火腿、培根和黄油等产品的广告，尽管从结果看，卖得都相当好，但我依旧逐渐意识到，在公司的种种限制下，我永远也不可能取得真正的成功。我的这种观点在此后的岁月里得到了证实。理论上讲，像斯威夫特这样的加工企业其实有不少有利可图的产品线，可以让广告大显身手。但除了卡德希荷兰清洁粉公司，我几乎没见过这个行业里有哪家企业的广告能大获全胜。这都是有原因的，他们一味追逐自身利益，因而失去了一个个扩大企业影响力的好机会。事实上，这些企业本就是靠着"商场如战场"的斗争精神成长起来的，他们始终认为销售的实质是实力比拼，用价格击败对手是最直接有效的办法。或许随着市场环境的变化，他们的想法确实有了实质性的改变，但还远不到让他们成为优秀的广告主的程度。在我看来，这些加工企业如果能彻底转变观念，抓住机会，那么他们的广告能达到的效果就不会是现在的样子。

在斯威夫特公司工作期间，我空有销售理念和构想，却因各种限制而难以施展。我很清楚，只有摆脱这些桎梏，才能真正实现我的抱负。于是，我开始寻找新的机遇。

第 7 章

找到立足的优势

下面来谈谈我曾做过，但如今已不再认同的一种广告——医药广告。30年前，医药广告对广告人而言，既是最好的机会，也是对其专业技能的最大考验。药品作为商品的市场价值完全由需求决定，如果没有需求，即便每瓶药进价只要一美分，药店也不会大批量采购。正因为广告可以创造需求，所以在当时的医药行业，毫不夸张地说，是广告决定了一切。

医药广告在当年给广告人带来的考验之大，堪比现今的邮购广告。药品到底畅销盈利还是滞销亏损完全取决于广告是否有效创造了需求，销售人员、经销商或者门店柜员的影响微乎其微，因此对于广告人来说，自己的工作成果会通过销售盈亏第一时间得到最直观的反馈。假如企业销售的是面粉、燕麦片或肥皂等产品，那么除了广告以外，还有很多提高销量的方法，比如通过促销鼓励经销商采购，或者提出一些诱人的优惠条件等。这样一来，仅靠最终的销售结果很难准确衡量广告发挥的作用有多少。但医药领域不是这样，对于药品销售来说，广告就是一切。

正因如此，那个时代最优秀的广告人都曾在医药广告领域经过千锤百炼。他们都顺利通过了种种考验，同时也意识到，做这个领域的广告创意必须拼尽全力，因为无能的人会立刻被淘汰出局，但一旦坚持下来，就能获得更大的发展空间以及更显赫的声名，这种态势在整个广告业都相当少见。到如今，能让广告人感受同等煎熬的，也就只有某些邮购广告了。

30年前，相比其他类别的广告，医药广告地位很高。这类广告能轻而易举地在顶级杂志上刊登，而且几乎没有人提出质疑，至少就我在食品加工业工作多年的经验来看，质疑力度远小于人们对邮购回扣或是员工内部渠道的不满程度。回顾医药广告的发展历程，我们必须牢牢记住，现实的经验教训是如何改变行业观念和原则的。

历史上的每一个社会性罪恶都有其存在的合理解释。但是必须承认，制药商中也不乏品德高尚的人，他们认为自己所做之事是在造福人类。他们以极低的成本提供能够治愈常见疾病的有效药品，从而帮助没钱就医的人，其贡献确实也得到了诸多认可。因此，我始终认为制药商对社会的贡献总体来说远大于危害，不过对贡献程度的判断基本还是来自主观感受。

然而随着医学的进步，医生们有了更多的诊疗手段，如今他们已经很少不经诊断便直接开药给患者。人们认识到，治病最首要的是找准病因然后对症下药，绝不能头痛医头，脚痛医脚，因此绝大部分情况下，患者自行用药是不明智且危险的。

于是多年前我得出了一个结论，那就是广告不应当宣传、鼓励患者在无医嘱的情况下擅自买药。我认识到这一点，也践行了这个原则，所以除了极个别用于轻症治疗的药物外，我已经有超过 17 年未涉足医药广告了。就在我写这本书之前，我刚刚拒绝了一家医药公司的邀约。虽然他们开出的预算高达 90 万美元，但我还是拒绝了。我和大家一样，坚决反对为有损公众利益的商品做广告，我们坚守原则，在任何情况下都不会破例。

请记住，虽然我在这里讲述的都是多年前发生的事情，但探讨的问题依旧符合当下的理论与实践需求。我认为从事制药行业的人可以说是我认识的最高尚的人了，而我所做的广告也可以适用于任何情况和时代背景。因此广告本身并没有对错，但是从公众利益出发，哪些商品可以被宣传，哪些不宜被宣传，这是一个完全不同的问题。

在斯威夫特公司任职的时候，我写过一篇关于成药广告的文章，引起了来自威斯康星州拉辛市的舒普医生的注意。当时，他的药品一直通过代理商销售，并没有直接在药店上架。然而那家代理商濒临倒闭，所以他只能自己想办法走药店直销的渠道。看到我的文章后，他便写信给我，希望我能去拉辛和他见一面。

当时，我正因斯威夫特公司对广告的重重限制而心灰意冷，并且也知道医药广告蕴藏的巨大机会，于是我便应邀去往拉辛和舒普医生见面详谈，最后接受了他的合作提议。

我发现医药行业中有不少药品由代理商专营，并不在药店中销售。然而药品种类是有限的，当大型代理商拿到了大部分药品代理权后，普通代理商便难以生存，因此这个行业正在迅速萎缩。我的任务是要创造药品的市场需求，让药店认识到进货的必要性，这样一来舒普医生的药就可以顺利在药店里销售了。我敢说要是没有我所具备的零售业广告经验，一百万人中都未必有一个人能搞定这件事。

我和舒普医生夜以继日地讨论眼下的情况。我告诉他，我过去做的广告创意并不直接针对产品本身。同样从这个角度切入，我们想到如果药品有药剂师的签署担保，一定可以吸引大量的消费者。毕竟人们买的不是药，而是疗效，药剂师的担保无疑会增强他们对药品疗效的信赖。有许多广告商会在广告中对此做保证，但对于消费者而言，这些千里之外的陌生人的担保并不那么有说服力。因此我的想法是，请消费者身边的药剂师来做担保，这样一来可信度会大大提高。

我首先将方案运用于止咳剂销售，取得了巨大成功。我在广告中写道："这种止咳剂安全有效，请放心购买。如果使用后疗效达到预期，那么您花的药钱与获得的健康相比不值一提；如果效果不尽如人意，我们保证退款，分文不取。"这样的广告一经问世，便让我们的产品一时风光无两。

随后，我又将同样的方案运用于其他药品，如康复药、风湿药等，百试百灵。诚然其他广告也会对药品的疗效做出承诺，但我们显然更具说服力，因此我们获得了大部分市场份额。

当然，我们对订购条件有一定的限制，客户需要一次性购买6瓶药，共计5美元，才能享受我们的包退服务。通常来说，很少有人愿意一次性购买那么多药，但是我们的保证给了他们信心，让他们愿意下单。久而久之，我们就成了这个领域的龙头，无人能敌。

那时候，我们在宣传方式的选择上非常谨慎，因此没有贸然选择花钱进行报纸广告投放。我们对人口在1500人以上的城镇，挨家挨户派发宣传册；对人口少于1500人的村庄，我们选择向户主邮寄宣传册。当时，美国的乡村邮政体系尚未建立，而我已经搜集了美国和加拿大两国大约86000个邮局里登记的居民户主的邮寄信息。

当时我们派发的宣传册数量每日最高可达40万册。当然，世事变迁，从前的方法在如今已用不上了。后来我们知道了登报是性价比最高的宣传方式，便以此彻底取代了老方法。

通过报纸投放，我们仅用先前1/3的支出就达到了同样的宣传效果。因此，我们逐步加大报纸投放的力度，预算达到每年40万美元，这让我们一跃成为当时这一领域最大的广告主。

这里我想强调的是，我在广告中所做的建议全都是站在客户角度出发。我总是主动提供服务，顾客可以毫无风险地依照我的建议进行尝试。如果成功，就会获得比我描述得更大的回报；即便失败，也几乎不用付出任何代价。在那个年代，医药领域中没有其他广告能比我们的更具吸引力。

在广告和销售行业有一个必须思考的问题，那就是立足于何种优势。一个公司要想胜过对手，就必须在某些方面有优势。这种优势可能是质量、服务或优于他人的合同条款，也可能是获取到某些独家信息的能力。仅仅反复宣传产品或品牌的名字是不够的，而一味鼓动客户抛弃其他产品转而选择自己的产品，更会适得其反。 一个人必须了解自己的竞争对手，了解对手优势何在以及客户需要什么，才能知己知彼，百战不殆。在确保自己有绝对优势之前，贸然与对手竞争是愚蠢的。此外，对企业来说，扩大客源固然重要，但除非已经有了留住客户的对策，否则永远不要耗费人力物力去争取。因为客户，尤其是精打细算的客户是很难被忽悠的，他们的忠诚度并不容易形成，因此永远不要低估客户的智力和获得信息的能力。

我在拉辛待了6年半，公司的工作时间从早上7点开始。因为我们所处的是整个广告业中最具挑战性的领域，所以必须付出更多的工作时间来获得更多的竞争优势。

同时，从公司下班并不等于我的工作时间结束，家里的打字机还在召唤我。医药广告确实极具挑战性，但我并不想仅限于此，因此就把下班后的时间都用在了其他广告项目上。

舒普医生的广告业务一向由 J.L. 斯塔克广告代理公司处理，

因此我与斯塔克公司商定，他们的其他所有广告也要由我参与创意设计。拉辛是个制造业中心，市内集中了大量企业，因此我便利用下班后的时间开拓与当地广告企业的合作。这些合作让我受益匪浅。

我为斯塔克公司的其中一家客户——蒙哥马利 - 沃德公司进行广告创作并指导制作，这一时期这家公司有大量销售计划从我手中诞生。我一向反对对所有消费者采取无差别销售方案。比如，曾有一位女性客人来信询问关于缝纫机的问题，看得出她对此倾注了全部的关注。当时公司对来信者的普遍回应方案是，一律寄产品目录给他们，我们有一份关于缝纫机的特别目录，上面列明了详细的机器款式和价格。但我不赞同这种做法，我极力主张应该像对待到店客人一样对待来信者，认真回应他们的需求。于是，我们依据这位来信者的地址，在回信中列明了附近的顾客名单，我们还在信中建议她去实地看看，并且可以和买家具体聊一聊。

在那里，我学到了另一条宝贵的原则，就是关注个体。众所周知，广告是一种接触面极广的宣传方式，因而面对广大受众时，我们很容易为了省时省力而用同一种方式与所有受众打交道。也许有人觉得只要广撒种，总有一部分种子能生根发芽，但这样做效率太低，太浪费资源，最终可能无利可图。所以**我们必须着眼于个体，必须把广告受众当作我们在现实生活中接触的人一样对待。我们要关注受众的个体需求，他们和站在你面前的每个人一**

样，都有着特定的需求**。不论你的生意有多大，都不能忽视这些个体，因为正是这一个个顾客的积累才让你的生意达到如今的规模。

喜立滋啤酒是我为斯塔克公司负责的另一个广告客户，这家公司当时在啤酒品牌中排名第五。当时所有的啤酒公司都在强调"纯酿"，他们在广告中把"纯酿"这个词写得特别大，而且越来越夸张，到最后甚至到了一个词直接占用两个版面的地步。这样的宣传攻势下，人们对"纯酿"这个概念已经极其熟悉，就如同鸭子见到水一样毫无波澜。

为了做好广告，我特意去了一所酿酒学校学习酿造技术，但感觉无甚帮助，于是我便决定去喜立滋啤酒厂，在工作人员的陪同下进行实地考察。我先参观了酿酒的玻璃房，看到啤酒从管道中滴下来，这让我很好奇。他们告诉我，整个玻璃房都充斥着过滤后的空气，这样就能确保啤酒可以在纯净无菌的环境下冷却。我又看到了装满白木浆的巨型过滤器，他们为我解释了啤酒过滤的步骤，还展示了如何清洗每个水泵和管道，以及如何用机器清洗瓶子。水泵和管道需要每天清洗两次以防细菌滋生，而瓶子则需要一次性清洗4遍。随后，他们带我参观了几个自流井，那就是酿造啤酒所用的水源。尽管啤酒厂就在密歇根湖边，但他们依旧选择从1200米深的地下汲水。他们还带我看了发酵桶，所有啤酒都会在桶中经过6个月的发酵。

接着我去了他们的实验室，亲眼见到了初代酵母菌。初代酵母菌经过 1200 次反复实验培育，才达到最终的绝佳口味，所有喜立滋啤酒用的酵母都源自于此。

参观完毕后，我满怀惊讶地回到办公室。我问他们："你们为什么不把所有的制作工艺展现给大众？你们只顾着和别家比拼谁对'纯酿'的宣传更猛烈，何不直接告诉大家为什么自家的啤酒更纯净？"

"可是，"他们迟疑道，"我们的酿酒程序与别家并无不同。要想酿出好啤酒，这些都是最基本的操作，没有什么值得夸耀的。"

"但是到目前为止还没有人公开过这些。既然制酒的过程让每一位到酒厂参观的人都为之惊讶，那么如果落于纸面，也一定会让所有读者大吃一惊。"

于是，我在报刊上生动地描绘了酒厂里的透明玻璃房和整套制酒工艺，正是它们造就纯酿喜立滋啤酒。我讲的对于行家来说都是老生常谈，却从没有人向普通大众讲述过这一切。可以说，是我第一次为"纯酿"赋予了切实的内涵。文章一经刊登，短短几个月内，喜立滋的销量就从第五名跃升至与第一名不相上下。那次广告策划至今仍是我职业生涯中最精彩的案例之一，并且也为我日后的其他项目提供了借鉴。我在一个又一个项目中运用这种模式，我总是着眼于业内再熟悉不过但普通人并不了解的简单事实。很多专业人士不屑于讲这些，但毫无疑问，最先介绍这一切的人可以在竞争中长期保持优势地位，各个行业都如此。

制造商们往往当局者迷,认为自己的产品很普通。但他们不知道的是,他们司空见惯的工艺可能会让很多人为之着迷,他们认为很平常的事在别人眼中可能不同凡响。

同时,这也是产品广告中的常见问题。也许你的产品自身并不独特,也没有很明显的竞争优势,甚至市场上本就有无数的人能制造出类似的产品。但是**只要能率先将产品制作过程中凝结的心血,以及别的制造商认为稀松平常的产品要素和特点展现给大众,那么你的产品必将被消费者视作集诸多优点于一身的典范,备受瞩目。**如果日后别人也将这些要素作为卖点,那也等于变相在为你打广告。很少有产品是不能被模仿的,并且所谓的行业领军产品也并非有什么绝对的竞争优势。它们之所以具有领先地位,只不过是最先说出了某些公认的事实,占尽先机而已。

柯蒂斯出版公司的塞勒斯·W.柯蒂斯先生曾和我分享过一件有关喜立滋啤酒广告策划案的趣事。柯蒂斯先生本人从不喝啤酒,他甚至不允许自己主编的《妇女之家》杂志的专栏文章中出现任何关于啤酒或其他酒类的字眼。然而就是这样一个人,竟然被喜立滋吸引了。有一次坐火车时,他顺手拿了本《生活》杂志准备在用餐时阅读,那本杂志上恰好刊登了喜立滋的广告。他对此印象深刻,竟然立刻在餐车上点了一瓶喜立滋,因为他想尝尝在如此纯净的酿造工艺下制作的产品是什么滋味。

我在拉辛时结识了一位朋友,他叫吉姆·罗翰,是个薪水微薄的小职员。他与一位老师坠入爱河,却因囊中羞涩而结不了婚。不过,他设计了一种鸡蛋孵化器,他认为如果自己设计的孵化器能大卖,就能挣到足够的钱去组建小家。

我告诉他我可以帮他策划广告,我也尽力去做了。我阅读了大约75份不同类型孵化器的产品目录和广告。它们都是那么相似,字里行间传递着厂商对销售人员的刻意示好,试图以此促使销售人员选择自己的产品。我分析了形势,我认为必须要找到一种与众不同的方法才能打入市场。

我找到了一位奋斗在一线的养鸡户,请求他允许我以他的名义写一本宣传册。他是个有主见的人,从不在意别人的指手画脚。我在宣传册中充分描绘了他的性格特点。我用他的口吻,并基于他提供的真实情况完成了这本宣传册。我没有在宣传册中要求任何人必须购买拉辛孵化器,我只是简单讲述了他的经历而已。我在宣传册中描绘了这样一个人:他在养鸡的过程中尝试过各种品牌的孵化器,清楚地知道它们的优缺点,如今他的生意已经步入正轨开始盈利,宣传册中所写的就是他的成功经验。他愿意帮助并鼓励和他一样渴望成功的人,但绝不支持只会白日做梦的人。

事实证明,我的尝试成功了。绝大多数孵化器客户在选购过程中,都会从销售人员那儿索要至少五六家厂商的产品目录来阅读。这些目录基本大同小异,但我所写的却让人眼前一亮。我用文字刻画了一个粗犷坚毅又脚踏实地的人,他注重品质与服务更胜过低价。他的成功经验影响着那些有着同样盈利诉求的用户，令他们做出与他相同的购买选择。

但是，拉辛孵化器的定价对于许多客户来说还是偏高。因此某些有购买意向的客户在把它与别家便宜的产品进行比较后，往往犹豫不决。因此，在我的敦促下，罗翰先生开办了另一家公司，名为"百丽城孵化器公司"，主要销售价格低于拉辛孵化器的产品，并配合其他优惠进行促销。

针对有意购买拉辛孵化器的客户，我们会先跟进十天，如果届时客户不愿意购买，就向他们推荐百丽城公司的产品线，这样就等于为留住客户上了双保险。若非如此，即使尽最大的努力，我们也不可能赚到钱。就这样，公司业务逐步壮大，到如今已有了相当的规模。而据我所知，那些曾经的对手们没有一个能坚持到现在。

我在拉辛市还为其他许多产品进行过广告策划，最主要的产品是浴池和冰箱。经过长期的积累，我早已驾轻就熟，因此这些广告都很成功，而且独树一帜。

芝加哥和密尔沃基之间有一块皮革产地，拉辛鞋业公司就坐落在产地的中心区域。这家公司生产的鞋子质量上乘，零售价在每双 3.5~5 美元不等，平均批发价为每双 2.15 美元。当时，我组织了一个"拉辛俱乐部"，主打以低于市场零售价的价格出售拉辛鞋业的产品，但是优惠仅限于会员。俱乐部的会员可以按每双 3 美元的会员价购买鞋子，一共 6 种款式可供选择，而且一律送货上门。对我来说，每双鞋子的平均进货价为 2.15 美元，快递成本为 35 美分，因此每双鞋平均净利润为 50 美分。想要成为俱乐部会员，顾客需要一次性支付 25 美分的会费。我的全部广告费用都是从会费中支出的。此外，会员每买一双鞋，我就会随鞋一起寄给他们 12 张会员卡和产品目录。即，会员可以花 3 美元买到一双鞋，附赠 12 张价值 25 美分的会员卡。如果一位会员能成功发展 12 位新会员，就相当于他买的这双鞋仅需花费 25 美分。

简单来说，我的方案如下：每位会员的会费是 25 美分，入会后可一律以 3 美元的价格购买市价 3.5~5 美元不等的拉辛鞋；另外如果会员能将 12 张会员卡全部卖出，那么他买鞋就只需花 25 美分。我坚信，只要我的广告能吸引一部分买家，他们就会变成我的推销员。可以说，这么一个小小的广告，为我创造了巨大的商机。就这样，拉辛鞋卖得越来越好，鞋业公司很快就供不应求，甚至不得不延期发货。

不过这种推销方法也不是尽善尽美。美中不足的是，由于部分客户没有实地试穿过鞋子，所以难免出现鞋子不合脚的情况。我的广告强调要让每位客人满意，但客人们拿到不合脚的鞋子后满意度必然下降，而且由此引发的退货问题也直接影响了利润。不过也正因如此，我才能意识到又一个在销售中需要关注的因素，那就是顾客的行为。我明白了在直销或是其他销售方式中，顾客的行为会如何影响未来回报率。

那时候我一直在为全国各地的零售商做广告，因地制宜地尝试了各种销售方式。只要发现能带来高额回报的策划,我就会告诉其他经销商,没有丝毫隐瞒。日复一日,我废寝忘食地工作,希望能发现更多引导人们购买产品的方法,我的确找到了不少,而它们也为我的成功打下了坚实的基础。

第 8 章

做承担风险的人

在拉辛的工作经历让我积累了独有的广告经验,也让我在业内声名鹊起。以往的广告基本通篇充斥着对自家产品的夸赞与力荐,而我采用了一种新的方式。我的广告不似他人那般脱离实际,夸夸其谈。相反,我会在广告中写:"试试这种止咳药,我们只用效果说话。药品成分安全无害,不含鸦片。药效良好,轻松止咳;药效不佳,无须付款。此条款由药剂师亲自担保,确保真实有效。"这种广告语对客户吸引力巨大且难以抗拒。于是从那时起,不断增加产品的吸引力就成了我的主要任务。

如果我们能给出一个让人无法拒绝的理由,那么对方就一定会接受。**事实证明,绝大多数人会对愿意公平交易的人报以真心。无论对方看起来多么没有戒心、给出的条件多么慷慨,人们也很少会占他们的便宜。而当你处处设防,其他人就会本能地规避你。**如果大家能卸下防备,向他人说出"我信任你",那么对方也一定会将心比心。我在广告业中从业多年的经验都表明，大多数人还是讲诚信的。

在芝加哥有这么一个人，他虽然靠卖奥立弗牌打字机发了一笔小财，但他志不在此。他是个天生的商人，对产品有着敏锐的洞察力，长期以来一直苦苦寻找着那种他认为对的产品。

他在蒙特利尔做生意的时候，有人告诉他，有一种原产自多伦多的名为"保利液态杀菌剂"的产品，在加拿大赢得了许多机构的支持。并且，在没有任何广告推广的情况下，它依然为无数民众所知，取得了不俗的成绩。

他被说动了，于是亲自前往多伦多进行产品调研。在那里，他进一步发现有一种气态杀菌剂，在室内也可放心使用。他采访了数百名使用者，其中包括在医院和天主教机构工作的人，他们对产品的积极评价让他看到了商机。

于是他出价 10 万美元买下了产品专利，并为产品取名"立可舒"。接着，他开始为产品做推广营销。他找了一位能干的广告人，签了为期一年的合同。不过到了第二年，他并未续签，而是另找了一人接替。四年里，这位企业家换了四个合作对象，尽管每个人的能力都得到他的认可，但最终的结果不尽如人意。几年间他的投资全部赔光，公司也负债累累——报表显示公司净负债约 4.5 万美元。足见，他在专利产品广告方面的经验和能力是多么匮乏。

不过，这位意志坚定的商人毫不气馁，他相信自己的产品，并且坚信终有一人能帮助他实现目标。他告诉自己和员工："我们再坚持一年，一定能找到那个合适的人。"

于是，在第四年的最后一天，他造访了芝加哥所有大型广告代理公司，请他们举荐推销此类产品的最佳人选。当时我是那个领域的明星广告人，因此我相信他们都把我列入了推荐名单。

他最后找到了斯塔克公司，同样是为了人选推荐的事。其间我恰好发过一封电报给斯塔克先生，内容是回应他共进除夕夜大餐的邀请。斯塔克先生给他看了电报，说道："我要推荐的就是这个发电报的人。我想其他人肯定也和你提过霍普金斯的名字，他确实很适合。但霍普金斯的老板是我的客户，我们又私交甚好，我绝对不能做任何可能损害他利益的事，所以我不会劝他考虑你那注定失败的合作提议。"

那位执着的商人回答道："如果霍普金斯真如你所说，那么他一定有自己的主张。今晚请让我和你们一起用餐吧，让我见见他。"

那是我第一次接触立可舒。立可舒的缔造者，也就是那位企业家，是个很有魅力的人。他的话语充满了令人难以抗拒的说服力。因此尽管并不情愿，我还是鬼使神差地同意第二天再和他见一面。

那是新年第一天，我很想在家休息，但我还是赴约了。我们在立可舒公司的办公室见面。那地方不甚整洁，地板和桌子由粗糙的松木制成，一个生了锈的圆形炉子烧着柴火供暖。破败的环境无不昭示着公司濒临破产的窘境。或许是因为我对被迫留在芝加哥过新年感到愤愤不平，我们的那一次会面既不愉快也不令人鼓舞。

不过，既然这个人在经历四年的失败后，依然能微笑着重新开始，也就必然不会因为我的态度冷淡就感到挫败。几天后，他跟着我到了拉辛，接着又请我陪他去多伦多旅行三天。我接受了他的邀请，因为我确实想去度个假。

他在多伦多为我安排了一辆车和一个向导。三天里，我走访了一些使用过立可舒并且了解产品效果的机构和个人用户，了解到了许多闻所未闻的故事。旅行即将结束时，我对他说："这次的考察让我深有感触，但我还是不能加入你们，因为我认为自己还没有足够的能力可以向全世界推介这种产品。我难当重任，所以请你忘了我吧。"

但他绝不是个轻言放弃的人。几天后，他又来到拉辛，整晚和我讨论立可舒项目。到了凌晨4点，我被他的软磨硬泡搞得疲惫不堪，又深深触动于他对责任感的看法，便最终接受了他的邀请。当时他的公司资金短缺，因此也就没钱给我发工资。作为报酬，我获得了这家濒临倒闭的公司1/4的股份。

接受立可舒的邀请让我的生活发生了翻天覆地的变化。因为这个决定，我必须离开漂亮的办公室，跑到金西大街，在简陋的松木桌上工作；我必须离开熟悉的朋友，去跟陌生人打交道。我把原先在密歇根湖滨的酒店套房退租，换成了芝加哥市内月租45

美元的破旧公寓，并且因为我暂时没有收入，我太太也不得不留在芝加哥一起赚钱养家。

为了尽可能省钱，我不得不步行去办公室，这样就能省下电车交通费。其实当时我有一辆汽车，而且是整个拉辛的第一辆汽车。闲暇时我喜欢开车，这件事给我带来许多乐趣，但因为立可舒的工作我必须放弃这个爱好。

朋友们为我举行了告别派对，但所有的话题都聚焦在我的选择有多愚蠢。他们选了个代表陪我一起去芝加哥，一路上他都在为我的错误决定叹息。我最亲密的朋友拒绝与我往来，因为他对朋友的基本要求是头脑清醒、决策理智，显然在他看来我已经不具备这样的资格。

我敢肯定的是，几乎没有人会在如此糟糕的境况下冒险而行。但我想说，我人生中的每一个重大成就都是在别人的反对声中取得的。每一次努力都让我获得成长与幸福，却也必然要受到朋友们的抨击。或许他们这么做是出于私心，希望我能一直和他们待在一起。

我在人生中遇到过许多重大危机，其影响远胜于金钱或事业上的难题，而我不得不独自面对。我必须在强烈的反对声中做出自己的决定，可以说我的每一个重大决策都经历过朋友们的嘲笑和质疑。我所拥有的一切，无论是物质上的富足还是精神上的满足，几乎都是在众人的鄙夷中获得的。

然而我始终坚信：平庸之人不可能成功。这世上其实很少有人能完成他们的目标，也很少有人真正感到快乐或满足。既然如此，我们为何要在人生大事上听从所谓的多数人的看法？从世俗角度讲，我算得上事业有成，也在奋斗中收获了精神上的富足。但如果当年我听从了朋友们的建议，我就不可能获得如今拥有的一切。

因此，我从不给他人提建议。每个人都有自己的生活和事业，我们不能用自己的标准评判别人的欲望和能力。有的人意志不坚定，在某些关键时刻，也许别人一句泄气的话就会彻底改变他们的人生轨迹。如果真是这样，那么说话的人就要承担责任。我不想背负这些。广告业的经历无时无刻不在提醒我们，自己的判断多么容易出错，即使是在自认为最了解的事情上也一样。当我们试图给他人建议时，我们几乎不可能做到完全客观，不带任何主观倾向。

我就是在上述背景下加入立可舒的。毫无疑问，我是在孤注一掷。过去四年里已经有四位前辈折戟沉沙，然而我依旧赌上一切，开始了这场前途渺茫的冒险。

无数个夜晚，我在林肯公园徘徊思忖，希望能找到解决之法。我依然秉持一贯的观念：只要我们提供的服务优于对手，给出的优惠多于对手，就一定能取胜。

一天早上，我在办公室里对大家说："我有一个能让公司起死回生的营销计划。我们先免费送价值50美分的试用装给客户，如果他们有购买意向，我们按每瓶1美元的价格销售正装。客户如果一次性购买 5 瓶正装，可以享受买五送一的优惠，用 5 美元的价格买下了 6 瓶立可舒。并且我们还额外提供担保，不满意就包退款。也就是说，只要客户通过试用装对我们的产品产生了购买意向，他们就一定会继续下单，因为我们会为他们承担后续所有风险。"

听到我的话，我可怜的合伙人吓坏了。他说："我们现在濒临破产，你的提议会让公司彻底乱套的。"但出于对我的信任，他最终还是同意让我先在伊利诺伊州的十几个小城镇里进行试点，看看效果。依照计划，但凡有人拿着体验券来兑换样品，就会免费获赠一瓶价值 50 美分的试用装。我们会告诉他们，试用装由我们向当地的药剂师订购，他们不必花一分钱。接着，我们又告诉他们这些产品买五送一，单价 1 美元；如果使用效果不满意，我们包退全款，相关条款全部由药剂师签字证明，绝无虚假。

大家可以想想，50 美分的免费试用装，买五送一的折扣，还有"不满意包退"的保证，这一切多么令人无法抗拒！"如果你对产品有任何不满，就向你的药剂师反映，我们立刻全额退款。"这就是我们的卖点。

我给出的提议是任何理性的人都不会拒绝的。既然大部分人是理性的，我便有理由相信大部分有产品购买需求的人会选择我们，因此我的方案必定会成功。

我们统计试点城镇的销售结果后发现，平均每份试用装的成本为 18 美分，虽然成本不低，但 30 天内，收到试用装的每位客户会带来人均90美分的销售额。我们的销售利润远超广告费用，因此完全不必担心无法支付前期购买试用装产生的费用，并且我们的退款担保实际导致的支出还不到销售额的2%。

所有数据都是我从试点合作的药剂师处那里直接获取的。整理完毕后，我就把结果拿到其他城市，为后续在这些城市大展身手做准备。毕竟，要想开展业务，就要用数据说话。我在每个城市选择了一位最具声望的药剂师，向其提供了包括立可舒在内的各类产品的销售数据；还随信附上一份合同，明确了广告方案如何具体实施，以及只能从指定商店订购试用装。合作的前提是他们必须订购我们的产品，而且订单金额必须大于购买试用装的费用支出。

尽管药剂师们并不熟悉立可舒，甚至可能从未接触过这件产品，但我们最终还是从他们那儿拿到了总计超过10万美元的订单。

随后我们带着这些订单找到了以往合作的广告公司，我们在那里还有1.6万美元的欠账。我们表示自己暂时无法偿还欠账，但我们从各大药剂师处拿到了价值十万美元的订单。我们想把这些订单的广告交给他们来做，有了盈利就能还债了。对他们来说，要想收回欠账，这是唯一的办法，也是最保险的办法。对方接受了我们的提议，因为他们别无选择。

广告公司对我们的理念、定位知之甚少，他们只是遵照我们的方案运作广告，结果也像在试点城市那样大获成功，订单纷至沓来。在接下来的一年里，有超过150万人向我们索要试用装，平均每份成本为 18 美分，这和前期试点城市的数据持平；而每人次产生的平均销售额为 91 美分，略高于试点城市的表现。

我是 2 月加入立可舒的，那时候我们极度困难，恨不得一分钱掰成两半花，才能勉强负担租金。然而从当年 7 月 1 日到次年 6 月 30 日，也就是我就职后的第一个财年，公司净利润已经达到 180 万美元。次年，公司开始向欧洲市场扩张。仅伦敦一地的办事处便雇用了 306 名员工，我们在法国建起工厂，又在巴黎置办了漂亮的办公楼。短短两年间，我们的广告拓展到 17 种语言，产品更是远销全球各国。

不过，杀菌剂行业的发展充满了不确定性，产品更新换代之快让我们意识到必须立刻采取行动。于是我们牢牢把握现有优势，趁热打铁，迅速扩大业务规模，短短三年内发出的试用装就达到了 500 万份。几十年间世事变迁，立可舒却屹立不倒，而且仍经营良好。

有人曾问我们成功的秘诀是什么，我认为首要条件是敢于跳出舒适区、直面不确定性的勇气；其次是正确的广告战略。 我们给每位拿着兑换券的客户免费提供试用装，又主动提出退货担保，这一切根本上源自我们对产品的信心，以及对客户的信任。一路走来，我们曾咨询过的每个人都认为我们的选择太过冒险。每一位所谓的领导者、引路人都认为我们无药可救，放任我们自生自灭。

我知道，要想战胜竞品，我们的广告方案并非唯一选择。但其他方案进展太过缓慢而且结果难以预测。我始终坚信一个最简单的道理，那就是如果你想让他人承担风险，那么你必须费心谋划；但反过来，如果你为他人承担风险，一切就变得容易得多。

所以，**我总是做承担风险的人，并且也会不断调整自己的方案，确保对方能够获得最大收益。这样，我就一定能获得对方的重视，占据主动权**。诚然，这样的销售过程需要不少投入，但其数额比起一味采取保守策略而损失的利润来说，简直微乎其微。目前，这一点已经得到了绝大部分优秀商业人士的认同。

现如今的大型商店基本都提供退货服务，邮购销售也是如此，还有无数厂商会在征得客人同意的情况下为他们提供试用装。"试用十天""看看这些书，先看后买""抽十支雪茄，不好不花钱"，诸如此类的广告语不绝于耳。这样的销售方法已经成了当代主流，如果有谁还是一意孤行继续走从前的老路，必然会发现自己举步维艰。方向不正确，付出再多努力也只会让销售成本成倍增加。

第 9 章

终极目标是利润

我在立可舒待了 5 年,那是无比艰苦的 5 年。我不断奔走于国内外各个分公司之间,解决他们遇到的各种新问题。

我在巴黎时,有一天晚上拜访了一位著名的医生。他认为我患上了神经衰弱症,让我赶紧回家休息一阵子,只有这样才能康复。

"我在巴黎没有固定居所,"我说,"我目前住在一家旅馆里,那里也算是一个家。我就待在那里休息吧。"

但他坚持一定让我回国好好休养。于是我想起了密歇根州斯普林莱克的果园,那个少年时代的我挥洒过汗水的地方。我还记得一个名叫罗伯特·费里斯的人,我曾听人说起他运营着一家旅馆,便给他发了电报,说我想去他那里住上一段时间。

我在纽约收到了他的回复,他说旅馆早就拆了,不过我可以去他的农舍小住。"寒舍虽小,倒也整洁,陈设用具一应俱全。

如果你愿意来，只要带上自己的箱子就可以了。"他在回电中如是说道。

于是我给他寄去一张支票作为房费，然后就带着行李入住了。三个月里，我什么都不想，每天只是沐浴在阳光下，睡觉、玩耍、喝牛奶，过着优哉游哉的生活。我下定决心不再像从前一样拼命工作，那样的生活让我身心俱疲，我一定要过回平静的日子。结束三个月的休假后，我去了芝加哥，准备举办一场告别午餐会，正式向朋友们宣布就此退隐的打算。那时候一想到自己即将迎来的生活，我觉得自己是天底下最快乐的人。不过我也不打算完全放弃写广告，还是得让自己有点儿事做。但我决定以后不再为了赚钱而写广告。

午餐会过程中，有一位年轻人走到我们桌旁，说："洛德与托马斯广告公司的阿尔伯特·拉斯克先生想请您今天下午过去一趟。"

我知道那意味着什么。在我看来，他无非想请我为客户们源源不断地想出赚钱的方法，这意味着我又要过回如农奴般被压榨的工作日子，但我早已厌倦了那样的生活，而且身体状况也不允许。

听完那个年轻人的话，我回身对朋友们说道："拉斯克先生不能这样对我，我的使命已经完成了。今天下午我会去拜访他，但只是因为敬重他，他再也不可能把我重新拉回工作的深渊。"

出于对拉斯克先生的尊重，我按时赴约。他给我看了一份范坎普罐头公司的广告合同，报酬是40万美元，当然前提是最终的文案能让范坎普先生满意。

拉斯克先生说："这些日子我花了不少钱，在全国各地征集文案，你看这份是纽约来的，还有这份是费城来的。这些已经是我能找到的质量最好的文案了，但是根本达不到客户的要求。所以我只能请你帮忙。请帮我写几个广告吧，为我们的宣传活动开个好头。你可以让你太太沿着密歇根大街走一圈，要是看中了街上的哪辆车，我立马买一辆新的送给你们。"

据我所知，还没有人能拒绝阿尔伯特·拉斯克。他擅长利用一切资源，各大公司的总裁们都和他私交甚好。只要他想，就没有做不到的事。

于是，毫不例外，我也在他的劝说下屈服了。那天晚上我就启程去了印第安纳波利斯，第二天开始着手调查关于猪肉炖黄豆罐头的市场情况。我发现只有 6% 的人愿意接受这种罐头，94% 的人更愿意选择在家自制。市场形势不容乐观，广告商们的宣传举措却只限于干巴巴的叫卖标语，并没有其他有效手段。

于是，我举办了一场反对家庭烘焙的活动，同时也准备了工厂的罐头样品以供比较。在活动中，我提到在家烘烤豆子需要花费 16 个小时，又解释了为什么自家做的豆子吃完以后不好消化。我特意给家里烘烤的豆子拍了张照片，人们可以清楚地看到上面的豆子还没烤软，下面却早就烤煳了。同时我又详细说明了我们的工厂如何挑选豆子，如何用软水泡豆子，以及如何使用蒸汽烤箱在 245℃ 的高温下进行烘烤。最后我拿出了工厂制作的罐头样品，供客人们比较。活动取得了巨大的成功。

过了一段时间，其他广告商开始效仿，也有人试图取代我们。我们的竞争对手通过反复强调自己的品牌来与我们对抗。不过，他们的广告实质上都在说："把给别家的生意留给我们吧。"这样的诉求并没有人理睬。

当时，我打出了"给其他品牌一个机会"的口号，鼓励人们购买对手品牌的产品，并将它们与范坎普的进行比较。这样的号召彻底赢得了客户的青睐——正因我们有底气让客户对产品进行比较，所以客户更加坚定地选择了我们。

这说明了一个重要的道理，那就是如果你只为了自己的利益考虑，人们必然极度抗拒；但如果你能无私地为顾客考虑，他们自然蜂拥而至。

做广告最忌讳的两点是自吹自擂和自私自利。成功人士向来喜欢宣扬自己的成就，这是他们的本能。他们可以拿着那些成功故事在晚宴上喋喋不休，却没办法把这些故事用在广告里。因为宴会上的宾客不便拂袖而去，但广告读者却可以自主选择。他们也不可能只付出极少代价就让别人心甘情愿地选择牺牲自己，只为成就他人。人都是这样，如果你想为他们服务，他们一定会认真听你的话，但如果你只想把对自己有利的事灌输给他们，他们一定扭头就走。这一点非常重要，我认为，赔钱的广告 90% 都是因为广告商向客人赤裸裸地展示了自己的私心，而丝毫不为客人考虑。

然而时至今日，大多数广告的主要内容还是直白地说"选我的品牌吧"。这种广告过去无法吸引人，未来也不会吸引任何人。现实中没有一个商店主会直接对客人说："来我店里吧，别去隔壁的店。"即便再不懂策略，他们也知道吸引客人的方法应该是展示自己的优势。然而，无数的广告主却不明白这个道理，他们依旧大把花钱，在报纸上登广告，起劲地叫嚷着让客人买自己的产品。

另外还有一种话术，也是上述广告的变体，比如"我们的才是正版""请确保您买的是真货"或是"把给别家的生意留给我们"等，这些话不可能产生任何效果。我们每个人都有太多私人利益要考虑，以至于无法顾及他人。**一个不愿意秉持利他主义精神，为客人着想的人，在广告或销售上是注定没有立足之地的。扪心自问，既然你我都不愿意牺牲自己的利益让别人得到好处，也就别指望其他人会有什么不同。**

请允许我用范坎普的例子具体说明广告中普遍存在的弊病。拉斯克先生在全国征集文案时，的确有几个能干的广告人提出了令人印象深刻的主题，却没有一个贴近现实。如果他们能实地采访一些家庭主妇，结果一定完全不同。但他们认为那样做太麻烦了。他们认为最终做广告方案决策的人和他们一样对现状知之甚少，所以只要用一些看起来新颖有趣的文案给那个人留下深刻印象即可。但这样的雕虫小技对拉斯克先生不起作用。他是个极度务实的人，他深知广告的好坏必须以能否顺利卖货为标准，如果卖不出货，文案做得再漂亮也是无用功。所以他竭尽全力寻找的是真正能把货物卖出去的人。

我想在这里强调一下，在广告界，个人的偏好是不作数的，一切都要以市场为导向。如果一味地取悦那些并不了解消费市场的人，表面上看，你获得了一时的好处，实际上却是失去了真正的机会。归根结底，做生意是为了逐利，而不是为了发掘奇思妙想。所有的理论付诸实践后，如果不能带来利润，那么理论本身也就成了纸上谈兵。

我从来不会让生活中的朋友成为我的客户，也从不奢求客户们会真正体谅我的难处。但我依旧尊重他们，因为他们和我一样都希望在事业上有所成就，我们只是立场不同罢了。他们代表卖方，而我必须代表消费者，因此我们的观点注定南辕北辙，相差甚远。

范坎普的猪肉炖黄豆罐头与同类产品相比，其实并没有什么特别。我还记得当时在工厂和范坎普的人见面时，他们拿出了市面上常见的 6 个品牌的猪肉炖黄豆罐头，在场的人都无法从中辨别出哪个是范坎普的产品。

但毫无疑问，我们在广告中讲述了其他人从未公开的事实。我们讲到自家的豆子在特殊的土壤中种植，但其实所有优质青豆都是在这种土壤中生长的；我们还讲到西红柿成熟的过程，以及我们选用的利文斯顿岩生西红柿，但其实所有公司都选用这种西红柿。我们又讲到如何挑选每一批豆子，但其步骤与各个罐头厂所做并无不同。

我们讲到了烘烤豆子用的蒸汽烤箱,豆子会在245℃的烤箱中烘烤数个小时;我们又讲到如何用软水煮豆子,以去除使豆子皮变硬的某种石灰物质……这一切看似特别,但实际与竞争对手所做并无区别。我们将工厂加工的豆子与自家做的进行比较。前者品相完整,而且口感粉糯绵软;后者却因受热不均导致上下分层严重,品质不佳。我们还解释了为什么自己烤的豆子更容易变质,而且吃了不易消化,以及我们如何在密封的容器中烘烤豆子,确保原汁原味。

我们讲述了所有竞争对手都知道的事实,只是他们不屑于讲这些罢了。

后来我注意到,在市中心工作的人常会在午餐时点猪肉炖黄豆,这些菜都是在工厂加工的。显然,他们和我一样,相比家里做的,更偏好工厂加工的食物。

于是我们立刻派人去餐厅和快餐店洽谈关于范坎普牌罐头食品的供应问题。很快就有成千上万的餐馆在午餐时段供应我们的产品。我们对外宣布了供应范坎普罐头的餐厅数量,并估算出每天大约有多少人选择购买我们的产品,这无疑引起了顾客们(尤其是主妇们)的关注。

一切准备就绪,我认为是时候让大家放弃在家烤制豆子了。这是一项漫长而艰巨的任务。我们跟踪调查了一些家庭主妇,告诉她们如何轻轻松松改变习惯。根据前期调查,习惯自己动手烤豆子的家庭占到总数的94%。我们告诉她们家里做的和工厂做的有多大的差别，以及她们身边有多少人在市中心买工厂加工的罐头食品。

这样做也是一种策略。我们的烤豆子和主妇们自制的相比优势明显，但如果和竞争对手相比，其实并没有什么差异。所以我们将重点放在前两者的对比上，这样消费者就很难有精力再关注其他品牌的产品，自然会将范坎普作为唯一的选择。于是，范坎普罐头在产品定价远高于对手的情况下，依旧拥有大量的市场需求。

后来，范坎普公司开始生产蒸馏淡奶。开始是在一家工厂，后来逐步扩大到七八家。范坎普先生也想用类似的方案为淡奶打广告，但我们劝阻了他。这是因为淡奶是一种标准化极高的产品，政府对其生产工艺有着严格的要求。对于未经加工的初级产品或是制作工艺标准化的产品，商家很难让客人相信自己的产品优于其他品牌，因为大家普遍认为这些产品很难有什么不同。有些广告人可能会这样宣传自己的产品："买我的鸡蛋吧，它们都来自山地农场"，这样的话术还被用在黄油、猪油等产品的推销上。商家们不惜耗资百万，只为让客人在购买一些差异不大的产品比如面粉、燕麦时，也能认准某种品牌。但由于产品同质性过高，商家们能做的广告也就是不断重复类似"快来买我的产品，不要选择别家"的广告。这些并不能吸引顾客。

我分析了淡奶市场的情况，发现如果不考虑广告因素，某些品牌已经稳定占据了一定的市场份额。尽管需要时不时面对竞争者的冲击，但它们整体上还是屹立不倒，其中的原因就在于品牌熟悉度，顾客们总是习惯选择自己熟悉的品牌。

基于此种分析，我将目标确定为提高顾客对范坎普牌淡奶的熟悉度，并制订了相应计划。我打算在报纸上刊登整版广告，内附优惠券，顾客们可以凭券在任意商店兑换价值10美分的范坎普牌罐装淡奶，后续范坎普公司会按零售价向商店付款。活动开始前，我们进行了为期三周的造势，并对范坎普淡奶的品牌故事进行宣传。

我们把广告文案和优惠券模板寄给所有的商店，并告诉他们，每一位顾客都会收到这样的一张优惠券。这些商店收到消息后一定会订购范坎普淡奶，因为对他们来说，每一张优惠券都意味着10美分的销售额，如果他们因为进货不足而错失机会，那么受益的就会是他们的竞争对手。

经过这次活动，我们一次性占据了几乎全部的市场。

由于先前在几个中型城市的试验成果斐然，我们将眼光投向了纽约市场。在此之前，纽约市场一直由另一个品牌垄断，范坎普所占的市场份额很少。在三周的预热期内，我们一下子就将市场份额扩大至97%，绝大部分来自与商店主的合作。每个商店都看到了优惠券带来的巨大需求，他们必须为此做好充分准备。

与此同时，我们向公众登报宣布公司即将派发优惠券。我们向主妇们描述了淡奶的优点，尝试着让她们改变原先选择瓶装奶的习惯。

一切准备就绪，在一个周日的早晨，我们的整版广告附带着优惠券闪亮登场。那一次在整个泛纽约区域，一共有146万人到商店兑换了优惠券，我们相应支付了14.6万美元的货款。尽管支出巨大，但换来的是一夜之间就有146万户家庭知道了范坎普淡奶，并开始试用。

那次活动一共花费了17.5万美元，优惠券兑现支出占大头，但是在接下来不到9个月里，我们便收回了成本，而且占据了纽约市场。并且自此以后，范坎普始终以超高业绩保持龙头地位，无人撼动。

如果将我们的活动方案和挨家挨户派发试用装的方式进行比较，不难发现，后者是求着客户收下他们不需要也不想要的商品。客户不会珍惜推销员硬塞给他们的东西，这样随随便便把试用装送出去会让商品掉价。商店进货积极性不足，店主们也因商品被白白送掉而产生不满情绪。

而我们的方法不同，我们充分激发了各方的主动性。商店积极地进货，想拿到试用装的人也必须做点什么。如果他们不阅读关于淡奶的文章，就不可能知道优惠券的事；而如果客户真的拿着优惠券到商店兑换，就说明他们确实通过广告对产品产生了购买欲。客户体验完试用装后很可能长期购买范坎普淡奶，店主们也因为优惠券兑换带来的销量而欣喜若狂。就在这样的皆大欢喜中，我们占据了一个又一个市场，并且长期稳定地保持份额。与我们卓有成效的方案不同，那些随意派发试用品的商人永远也不可能给顾客留下深刻的印象。之所以会产生这样的差异，就是因为派发试用装于他们只是流于表面的形式，于我们却是追求实效的手段。

奶制品生产企业的销售网络一般不会遍布全国，这是因为企业生产力并不足以支撑过大的市场。因此，这些企业采用的普遍经营策略是着眼本地市场，尽量扩大生产。

当越来越多的竞争品牌开始效仿我们时，我们认识到，是时候寻找新的方案了。那时已经有数以百万计的家庭将淡奶作为日常选择，淡奶的年销量达到了2 400万箱。需求总量已不再是问题，于是我们的最大挑战变成了如何将范坎普淡奶打造成家喻户晓的品牌。

在我们希望开拓的新市场里，我们准备为符合条件的顾客送出一份神秘礼物——任何顾客只要集齐6个范坎普淡奶罐头的标签，就可以得到一份礼物。我们把包好的礼物放在商店的橱窗里展示，但并不公开礼物到底是什么。

人人都有好奇心，女性尤其如此，只要买6罐淡奶就能揭开礼物的面纱，何乐而不为？如果我们直接公开礼物，那么必然有人不买账，但一件本体不明的礼物则不同，没有人会拒绝神秘感。

要营造出神秘感，有很多需要考虑的因素。首先，在礼物的选择上，不能仅满足于不让顾客失望，而是应该高于他们的期望值；其次，在送出礼物的方式上也应尽可能多花心思。

这样的活动吸引了无数女性顾客批量购买范坎普淡奶，尽管产品售价并无优惠，但只要买够6罐，他们就能额外收到一份神秘礼物，这大大增加了吸引力。礼物的成本确实超过了销售利润，但牛奶作为日常必需品，市场是相对稳定的，为了能挖掘到新用户，花多少钱都值得，而6罐产品也足以树立顾客们对范坎普的熟悉度。前期的了解加上实际的购买，顾客们必然会对品牌产生更多的探索欲，因此当他们后续有需要时，必然会将范坎普作为第一选择。我们就是通过这样的方式占据了一个又一个市场。

有些读者可能会认为我所说的方法不过就是派发试用品，然后千方百计地把货卖给顾客。他们质疑我把推销当作广告，认为这与大众普遍认为的高大上的广告没有一点儿关系。事实上，我并不认同那些所谓体面、正统的广告。我们做生意，最看重的是成果。再漂亮的论调，如果不能应用，也是废纸一张。可偏偏总有人愿意把大把金钱花在这样的无用功上。

我的目的很简单，那就是成功卖出我必须卖出的东西并从中获利。我不可能一直像个艺术家或是天才人物那样一直不食人间烟火，我必须关注成本和收益，否则我会在商界格格不入。据我所知，任何追求浮华的广告人，其职业生涯都走向了终结；但与之相反的是，注重实效的人永远不会失色。

我遇到过不少人过分在意一些我认为无关紧要的事，比起实实在在卖货，他们更希望借广告夸耀自己的成就，当然他们也往往确实是某些领域的大人物。他们对广告一窍不通，最喜欢看起来华丽高端，其实没有任何实际意义的点子。所以要想讨他们的欢心，只需要做到放弃务实这一点就可以。但如果一个广告人真的这样做，那么最终必然走向失败。**做生意的最终目标是利润，这是永恒不变的真理。**要是为了迎合广告主的某些偏好而忘记了这一点，那么你很快就会一败涂地。

我确实因为拒绝迎合客户过度包装或是自我吹捧的要求而失去过不少生意，但我发现，注重实利的人还是占绝大多数。**人们迫切地希望能找到新的生财之道**，如果你能发现这些方法，并知道如何不断改进，你就能拥有十倍于他人的价值。这种价值不同于文学作品或是让女性为之赞叹的艺术品的价值，而是实打实的销售能力，是任何业余人士都不可能达到的。

第 10 章

把握大众趋势

我的首个汽车广告创作于 1899 年，名为"赛车——新时代的至尊运动"，是为密尔沃基生产的一种蒸汽汽车所写。我也是整个拉辛市第一个拥有这款车的人。不过，开车上街的第一天我就为此花了整整 300 美元，主要用于对受惊的马儿和其他损失的赔偿。

那时的汽车存在很多问题，我作为车主必须同时担当修车工的职责。每次发动汽车都要花 30 分钟，因此如果有时候要开车赶火车，就必须把起步时间考虑进去，提早出发。然而，起步过慢只是小问题，更让人头疼的是行驶过程中的故障，连续行驶 16 千米而不发生故障就算是老天保佑了。汽车检修也不便利，每次去 40 千米外的密尔沃基的原厂送修都要花费很长时间，几乎不可能当天提车。

我想这个世上再也没有比深夜坐在不知何时会爆炸的锅炉

上，绝望地看着前方仿佛没有尽头的泥泞道路更悲惨的事了。车子每开 16 千米，我们就要停下来加水，然后不间断地监测锅炉压力数据。汽车行进会带动水泵抽水，但现实是车速过慢导致水压不够，无法使锅炉顺利运作。我们的座位就设在锅炉正上方，我至今都能清楚地记得在泥泞的路上眼睁睁看着锅炉压力降低的那些夜晚。尽管我们很清楚，一旦压力低于临界值，锅炉就会爆炸，但还得硬着头皮尽快赶路。各位读者可以试想一下，一个漆黑的夜晚，坐在随时可能爆炸的锅炉之上，眼前只有漫长而泥泞的道路。不过，这样的经历固然悲惨，却也让我成为汽车爱好者。自那以后，我大约为 20 多种汽车品牌成功创作了广告。

我刚进入洛德与托马斯广告公司的时候，休·查尔姆斯收购了托马斯-底特律汽车公司。他跑来找我商量。查尔姆斯先生是个了不起的人，据说他曾是国家收银机公司收入最高的销售经理。我从他那儿学到了很多销售技能，并且让我高兴的是，我们在多年相交中从未产生过分歧。

当时汽车广告领域的情况与现在不同。世界局势时刻千变万化，只有不断吸收新信息的人才能把握时代脉搏。

我在广告中着重强调了时任查尔姆斯公司的总工程师霍华德·科芬。熟悉我作品的读者可能会注意到，但凡有机会，我一定会给广告方案加入一些人性化元素。事实证明，这种方法总能让消费者印象深刻。因为我发现，比起冷冰冰的大企业，消费者更愿意了解那些鲜活的传奇人物。能被写入广告的专业人士必然拥有独到的能力与卓越的地位，却不一定有名。但是，一旦有公司专门对其进行包装打造，他就会声名鹊起，人们会对他充满敬意，而他的名字无疑会变成独一无二又极具价值的象征。我最初向大众介绍霍华德·科芬时，他还默默无闻，但广告很快使他声名远扬。

基于类似的逻辑，我支持各公司直接以创始人的名字命名，这会让消费者觉得企业以自己创造的产品为傲。这么做比另外起名，甚至设计商标的效果更好。让一个人出名远比让一个企业出名容易得多。想想那些戏剧、电影或文学作品中包含了多少著名的角色名，它们往往是被刻意设计出来的，在商业营销中也是如此。

那时候，凯迪拉克和查尔姆斯的售价差不多，每辆都在 1 500 美元左右，但凯迪拉克更老牌，车型也更漂亮。不过，我们对霍华德·科芬的宣传给查尔姆斯创造了独有的优势，并带来巨大的成功。

但随着行业的发展，问题也不断暴露出来。我们发现大众逐步对汽车行业形成了利润过高的固有印象。为此，我们刊登了题为"净利 9%"的文章，文中详细列出了汽车的成本，车身、内饰自然不必说，我们明确指出光是消费者看不见的内部零件的成本总额就超过了 700 美元。

这就引出了优秀广告必备的另一个要素——具体化说明。陈词滥调和泛泛之言注定不能让人印象深刻，类似"世界最强""最便宜""性价比最高"等没有事实支撑的宣传语不可能让人信服。现实中，这样的表达并不少见。即便是审核最严格的杂志也不会将之视作欺诈，他们只会认为这是夸夸其谈，是一个推销员为了给顾客留下深刻印象所做的努力。但事实上，所谓的"夸大其词"造成的危害不可小视，因为这无疑暴露了你的不严谨性，会使别人对你所说的一切都不再信任。

但如果我们的主张具体而明确，又有数据或论点做支撑，那么人们就可以自行判别我们说的到底是真是假。一旦他们判定我们所说属实，就会深信不疑。人们认为大企业一般不会说假话，因为他们知道我们不敢在媒体上公开欺诈，所以我们的承诺能获得充分的信任。我日后还会进一步谈谈明确、具体的主张有多大的好处。

哈德逊汽车是由查尔姆斯公司控股建立的子品牌。成立这家公司，最初是为了消化总公司过剩的销售人员。查尔姆斯将霍华德·科芬也调到了新公司，于是我首先对他进行了二次包装，接着又对外公布了董事会成员中将包括48名工程师的消息，并对他们进行了详细介绍。我们为哈德逊汽车打造了专注技术的品牌形象，这无疑契合了当时的现实要求。那时候汽车工艺还不完善，每个品牌的车多少都有些问题，所以一般人选车时最关注的就是性能。显然，哈德逊牌正是以此为卖点。

事实证明，这种品牌形象为公司发展打下了坚实的基础。哈德逊汽车之所以能取得巨大成功并且经久不衰，很大程度上归功于早期奠定的基础。我一共为哈德逊汽车做了7年广告，后由一位门生继承衣钵，他也延续了我的一系列做法。

接下来我想讲讲另一个汽车品牌——奥弗兰。关于这个品牌的创始有一个充满浪漫色彩的故事。约翰·威利斯先生在纽约州埃尔迈拉市开了一家名为埃尔迈拉军用品公司的商店，主营自行车零售。当汽车问世时，他拿到了奥弗兰汽车的代理权。奥弗兰汽车当时在印第安纳波利斯有一家公司。

奥弗兰汽车是当时为数不多的好车之一。在埃尔迈拉，车子一辆接着一辆顺利卖出，直至整个地区供不应求。于是威利斯先生只能优先满足支付了定金的订单。他把定金寄到印第安纳波利斯，但订购的汽车却迟迟没有到。他打算去印第安纳波利斯探个究竟。一个周日的早上，他到达了印第安纳波利斯，并在旅馆里和奥弗兰汽车的董事们见面。他们告诉威利斯先生，公司已经破产了，原本周六就该付员工的周薪，拖到现在也没付，另外还欠了大约4.5万美元的外债。显然，威利斯不可能拿回他支付的定金，所以只能想办法提车。

"你们说公司破产了，是不是代表你们无法继续经营下去了？"威利斯先生问道。

"是的，"对方答，"我们撑不下去了。"

"那么，如果我愿意接手，"威利斯说，"你们能把公司全部打包转给我吗？债务也包含在内。"

对方同意了。首先需要解决的是员工的薪水问题，一共450

美元，于是威利斯先生立马着手筹钱。他向旅馆经理借了点儿钱，再加上自己带的，总算凑够了。第二天早晨，他把工人们召集在一起，先付清了薪水，然后他对大家说："我们得赶紧组装一辆车出来，大家把所需的零件找齐，越快越好！我们必须尽快变现筹钱。"

工人们真的以最快速度组装了一辆车，威利斯把它运到宾夕法尼亚州阿伦敦市的一个朋友那里。他还随车附了一封信，内容大致如下："亲爱的阿尔伯特，我为你运去了一辆奥弗兰汽车，随信附上即期汇票和提单。我亲爱的朋友，你必须买下这辆车，因为我已经兑现了即期汇票，而且钱也被我花完了。"那位"亲爱的阿尔伯特"竟然真的买下了这辆车。

威利斯让工人们又组装了一些车，并以同样的方式运给客户。大约有4/5的客户买下了送上门来的汽车。市场对奥弗兰车的需求日益增加，但公司的融资问题也变得更加严重。

于是威利斯先生带着他的标志性笑容找到了债权人，他说："现在我们双方的利益是相同的，如果我们被逼到走投无路、关门大吉，那么您什么都拿不到；但如果您能再给我们一个机会，我们一定努力渡过难关，尽快还清债务。"债权人接受了这个提议，他们知道这是唯一的解决办法。

于是威利斯先生又借了一笔钱，虽然金额不多，但总算可以继续经营了。奥弗兰汽车很快就卖脱销了，扩大生产线规模刻不容缓。然而，因为时间紧急，没法立刻修建新厂房，所以他们只能临时搭起帐篷充当生产车间。据我了解,那个季度,就在那些帐篷车间里,奥弗兰汽车创造了36.5万美元的收益。因为一切都是凭着我的记忆写的,所以我不能保证数据完全精准,但其中蕴含的道理是正确且有指导意义的。

后来,威利斯先生决定回到故乡埃尔迈拉,在那里建一家工厂。准备搭火车启程的那天晚上,他正刮胡子时,接到了他在托莱多的经纪人的电话。经纪人告诉他当地有家名叫波普-托莱多的工厂倒闭了。"快来看看吧,"经纪人说道,"这家工厂相当不错,目前还有不少库存的钢材和零件,价格非常合适。"

结果,威利斯先生真的在托莱多停了下来。次日,他实地参观了一圈就买下了工厂,然后马不停蹄地赶往纽约,紧接着第二天又坐船去了欧洲。当他从欧洲回来的时候,他的手下已经把工厂库存的钢材卖掉了,所得远超他购买工厂所花的成本。

正如我先前所说,这个故事的细节或许不准确,但确实说明了我的观点,这才是关键。

接下来的那个季度,我接手了奥弗兰汽车的广告,那也是他们的第一个广告。我认真分析,希望能找出这辆车最吸引人的特质。然而我翻遍所有资料,最吸引我的还是那个充满浪漫色彩的故事。于是,我为他们创作的第一个广告诞生了,标题是"神奇的奥弗兰故事"。在广告中,我讲述了约翰·威利斯为了信守承诺,如何努力生产以满足客户的需要,以及这种需求是如何不断增长,使得奥弗兰公司甚至搭起了帐篷车间应急。

这段经历再次强调了广告创作中的一个原则，那就是抓住大众心理。消费者，当然也包括你我，就像绵羊一样，本质是从众的。人们很难进行独立判断，多数情况下是根据其他人的印象或偏好来做出评判，大家都习惯了随波逐流。我由此发现，要做好广告，最有效的一点的就是把握大众趋势。

从众心理绝对不可小视。我们喜欢追逐潮流和多数人的偏好，而很少自己做决定，这是因为要完全了解某件事物的全貌很难。因此，当我们看到一群人朝某个方向前进的时候，我们就会倾向于跟随他们的步伐。

我在广告中描述了众人有多么追捧奥弗兰汽车，以及源源不断的客户需求如何让这家企业起死回生，甚至还出现了帐篷车间这样的奇观。这样的表达方式引起了人们的思考，让他们愿意追随潮流选择奥弗兰汽车。于是奥弗兰汽车成为世界上最畅销的汽车品牌之一，至今仍是如此。

接下来再说说另一个汽车品牌——雷奥。雷奥也曾经历过一段低迷时期。曾有一个季度，雷奥汽车根本卖不出去，销售工作可以说已经停摆，并且下一个季度的预测也不容乐观。于是他们找到我，希望我能力挽狂澜，帮助企业渡过难关。很显然，危机处理就是我最常做的事。没有人会在风平浪静、前途一片光明的时候想到我，他们只会在身处绝境时寻求我的帮助。而且一旦问题解决，生意步入正轨，他们又会抛下我独自前进。

当然，事情变成这样我也有责任，因为我喜欢处理危机的感觉。如果把公司比作一艘大船，那么比起统筹全局的船长，我更愿意做指引方向的领航员。当这艘船脱离危机，重回正确航线时，我就会失去兴趣。尤其一想到要面对单调乏味的日常工作，我就会萌生重新找一家风雨飘摇的公司，帮助他们脱离困境的念头。

有些人认为，对广告人来说，总是按照一种模式做广告是相当无聊的。他们认为公众也一定厌倦了同种套路的广告，因此随着时间的推移，他们必然会换一种广告形式。

但我向来不同意这种观点。就我自身来说，每当我认为自己找到了正确道路时，我就希望能永远顺着这条康庄大道走下去。诚然，或许确实还存在另一种可行的甚至更好的办法，但我认为这种可能性很小。**不管是哪个行业，通往成功的路都是有限的，如果某一条路径已经被证明是可行的，我便不愿随意更换，除非我能通过实践发现更好的道路。我认为检验的标准应当是这种方法不会局限于某个特定群体，而是能够在不同的情况下适用。**

在我看来，**每个广告都应讲述一个完整的故事，涵盖所有有价值的事实和论点**。对我们讲述的故事，大多数人只会阅读一遍，就像他们浏览新闻时一样。我也确实想不出他们有什么理由对一个广告反复阅读。所以我希望自己写出的广告能让人们读上一遍，**就能把握每一个我们希望表达的事实**。对于读者和作者来说，即便是再精彩的故事，反复看过几次以后，双方都会厌烦，都迫切希望有所改变。

前期对雷奥汽车有了全方位了解后，我才开始潜心思考广告方案。雷奥汽车是由老牌汽车生产商 R.E. 奥兹先生负责设计制造的。基于这一事实，同时也考虑到当前的实际难题与竞争因素，我认为必须要拿出切实有效的方案才能帮助雷奥汽车走出困境。

几天后，我找到奥兹先生，告诉他自己愿意接他们的广告，但有三个条件：第一，将最新款命名为雷奥五世。这样做既能让车名与众不同，也能直观地强调雷奥汽车推出了新一代产品。第二，奥兹先生必须在广告上签名，这是为了充分借助他的声誉为品牌做宣传。当我向他保证一定会写出让他自豪的广告时，他同意了这个条件。第三，我希望奥兹先生将这款车宣传为他最后的作品，如此一来既能有封山之作的意味，也能说明其设计者对作品非常满意。

"可是我还不打算退休。"他回答道。我告诉他这并不重要，既然莎拉·伯恩哈特开了 7 次告别巡回演出，那么他也可以有两三次的告别机会，毕竟退隐这么重大的事，反复考虑几次也是人之常情。于是，我们最终推出了雷奥五世的广告，标题为"我的封山之作"，上面签有"R.E. 奥兹设计"。

广告为奥兹先生塑造了率真诚实又经验丰富的形象——他追求完美，不管付出多大代价都要做到最好，而且把自己的名誉看得比利润重要得多。

广告一经问世，便引起巨大轰动，雷奥五世也成为当年最引人注目的汽车。雷奥公司由此迎来了一个新时代，并且日后逐步成为该领域发展最稳健、成绩最突出的公司之一。

在我所有的汽车广告中，我认为效果最好的当属为米切尔汽车所做的广告。然而，就是这样一个成功的广告，最终却以灾难性的结局收场。我记得那一次我依旧是临危受命，接手了米切尔汽车的广告策划。我照例对企业现状、现有做法和未来趋势进行了大量的研究，最终将"效率"确定为核心宣传亮点。那时候，"效率"在各行各业都是热门话题。

米切尔公司当时聘用了一位极具才干的效率专家，工厂也应用了高效的生产体系。于是，我将"约翰·W.贝特，效率专家"作为广告标题，重点介绍了他的经历及工作方式。

那次活动同样大获成功。据我所知，还没有哪个汽车广告引发过那么多的关注。米切尔汽车的销量开始以惊人的速度增长。显然，我成功把握了消费者心理，我知道他们最想要的是物美价廉，而这一切都是效率带来的。公司很快踏上了发展的快车道，后续又进行了大规模注资以扩大生产。然而，由于生产中盲目追求效率，汽车工程师忽视了很多细节，最终导致米切尔汽车发生严重的质量问题。公司不得不紧急召回已经售出的几百辆汽车，这严重损害了米切尔的品牌形象，并且销量越大，损失就越大。

回顾事件，原本成功的广告因为产品质量不过关而遭遇滑铁卢，并且由于我们原本对产品评价过高，吸引了大量关注，最终反而让品牌臭名远扬，到了无法挽回的地步。这无疑是广告人应该铭记的惨痛教训。

1924年，我应邀为斯蒂庞克汽车做广告策划。当时我已经有好多年没有做汽车广告了，为此不得不临时学习，好让自己重新熟悉行业现状。**广告人只有清楚了解公众偏好，才可能做出有感染力的广告**。无论你的经验有多丰富，这都是必不可少的。

我花了几个星期研究斯蒂庞克公司的情况。这是一家基础条件很不错的企业，成倍增长的销售额，不断增加的资产和利润，使之成为股市上的绩优股。我认为这些因素对于犹豫不决的购买者来说是利好消息，所以决定在广告中充分利用，扩大其影响力。

最终的方案与我以往惯用的类似，我们在其中列举了成倍增长的销售额，以及公司的资产和设备。我们将斯蒂庞克的成本明细与其他企业进行比较，用实际数据说明了企业如何通过年产 15 万辆车降低成本。这种方法为当时的汽车广告宣传开辟了新的道路，并沿用至今，已被证明是极其有效的。

不难发现，这个故事中包含的销售技巧其实还是老生常谈，那就是广告人必须知道消费者的想法和需求。**只有了解潮流的人才能引领潮流**。

许多人认为广告不过就是文字游戏，用词和文风是最重要的。但其实不然。**如果漂亮的文字能产生效果，其效果也是负面的。因为漂亮的文字意味着努力推销；而任何推销的努力都会招致相应的抗拒。**

任何广告，不论是书面刊登还是现场销售，都不应该太花哨，因为喧宾夺主的要素会削弱人们对产品本身的印象。当看见那些漂亮的广告，或许会有人说"这个广告做得很不错，从图片到表达方式都很完美",但这样的广告显得过于刻意,反而不容易让人们受其影响。正因为人们能够明确感受到广告中的推销意图,所以自然会产生防御心理。

我认为唯一有效的销售方式就是通过某种方式向大众提供超值服务。或许有些广告看起来简陋,但有时正是这些广告反而能引起人们的共鸣。它们似乎总能为人们提供所需的服务。这就解释了为什么许多所谓的优质广告效果不佳,而一些看起来很简陋的广告反而能成功。这一切都要归功于做到忘记自身利益的销售人员。

第 11 章

建立品牌偏好

我称得上是轮胎广告领域的先锋人物。轮胎广告历史悠久，可以追溯到自行车时代，但那时的广告仅是宣传一下品牌名字而已。固特异轮胎公司是我们的老客户，不过据我了解，长久以来，他们每年的广告支出不会超过 4 万美元，因为当时没有人想到，有朝一日轮胎竟然会被如此广泛地使用。

我们在长期的实践中发现，通过增加对接的客户数量来扩展业务是一种很有效的方法，这后来也成了我们长久坚持的基本原则，支撑我们逐步发展为全球最大的广告公司之一。

按照行规，广告公司的佣金是由广告发行商支付的。这样做倒不是因为客户经常更换广告公司，而是为了增加广告发行量所做的激励机制。

广告公司总是要挣钱的，增收的方式无非有两种，一是寻找并发展新的合作机会，二是让现有的广告主增加投入。

我极少从其他广告公司那里抢客户，也从来没有打算这么做，除非有时候眼见绝佳的机会即将因为不当的广告方案而被毁掉，才会因实在看不下去而出手。我的大客户基本都是靠自己挖掘并维护的，而且很多并非一开始就是大客户。很多客户自身也是从小做起，随着广告的成功，一步步做大做强，投入的广告费也就水涨船高。这样的过程对我们广告人来说充满成就感。

话说回来，经过反复劝说，固特异公司终于同意增加广告开支。第一季度他们给出了20万美元的预算，这个金额对他们来说已经很大了。当时，他们正在推广"直边轮胎"。我听说过这种轮胎，但对具体情况并不了解。其实有关直边轮胎的广告并不少，而且我本人对轮胎和广告也很感兴趣，但这些广告没能让我建立起对直边轮胎的基本概念。

为了解答我的疑惑，固特异公司的人向我展示了直边轮胎和楔形轮胎之间的区别。他们告诉我，直边轮胎的优点是不会出现钢圈断裂，并且与同等体积的楔形轮胎相比，直边轮胎的气容量大10%。"那你们为什么不在广告中强调这些呢？"我问道，"要知道，人们只关心产品的最终效果，并不在乎具体的制作过程。"

他们从来没有听过这样的言论。作为制造商，他们主要对产品结构和制造细节感兴趣，因此自然只会将这些作为广告的重点。这就是为什么制造商不应该自己做广告，不过现在也很少有人这样做了。

制造商与生产的关系太近了，他们对生产的兴趣会使他们忽

视消费者的需求，因此就无法站在消费者的立场看问题。他们所讲的都是自己引以为傲的东西，比如制造工艺、工厂规模、企业历史等，但这些或许并非消费者想了解的。**广告人必须研究消费者的喜好，并将他们想要看到的东西展示出来**。

我给直边轮胎起了一个响亮的名字——"无断裂轮胎"，打出的广告标题为"无断裂轮胎，气容量提高10%"。广告推出后，效果立竿见影，销售额飞速增长，固特异轮胎很快就占据了行业领先地位。

然而这则广告导致的另一个结果是，几乎所有的竞争对手都开始生产这种轮胎。两三年后，固特异已经很难将此作为亮点进行宣传了。因此，我们逐渐降低了"无断裂轮胎"这个名词的使用频率，转而强调"固特异"这个品牌名。不过，那个时候我们已经有了除了品牌名字之外的另一个让人更加印象深刻的宣传点，那就是固特异轮胎飞速增长的需求量。我们用图标和文字不遗余力地加以展示，营造出固特异轮胎似乎已经称霸轮胎行业的感觉。

利用人们的从众心理是一种绝佳的推销方法，适用于绝大多数行业。人们喜欢随大流，因为在很多事情上，他们很难分析原因和价值，所以更愿意跟随大多数人的选择。

为产品起名还能达到另一种效果。我们将防滑轮胎命名为"全天候"轮胎，无须过多解释，产品的名字就足以体现其最大的特点和优势。一个简单的名字淋漓尽致地体现了产品的核心亮点，名字本身就成了最好的广告。我们当时的主要目的就是鼓励司机们全面使用这种轮胎以应对天气变化，我们成功做到了，我们让使用全天候防滑轮胎成了司机们的习惯。

拥有一个能传递丰富信息的名字对于企业来说非常重要。一般来说，**产品名称是所有广告中必然会展示的要素，大部分人看广告都是匆匆一瞥，而一个贴切的名字可以让人们在最短时间内立刻建立起对产品的完整印象**。名字起得好能让广告事半功倍，毫不夸张地说，好的名字就是成功的一半。大家可以看看下列名字，五月清风、闪耀鞋油、三合一汽油、棕榄皂，这些贴切的名字有着巨大的价值。

另一个必须解决的问题是如何劝说经销商主动囤货。那时候，很少有经销商愿意这么做，他们更喜欢根据实际销售订单的需求进货。于是，我们策划了一场大型宣传活动，我们在所有登报的广告中列出了拥有价值 250 美元及以上的固特异轮胎库存的经销商名单。短短几个月里，约 3 万名经销商大量购进固特异轮胎，希望能够登上宣传名单。这一活动很大程度上改变了轮胎行业的运营模式。

能够在本地的报纸广告中做宣传对于经销商来说实在太诱人了，这使得他们囤货的积极性空前高涨。毕竟，没有哪个经销商愿意看到自己的对手在大型宣传活动中出风头，自己却默默无闻。加入的人越多，自然也就越容易带动其他人。我经常用这种方式为新产品打开市场。

固特异的广告活动是我最成功的案例之一，也是有效应对市场变化的典范。有效的广告让固特异长期处于行业领先地位，广告费用也从每年 4 万美元增长到近 200 万美元。

可是我们最终还是分道扬镳了。因为随着合作的进行，他们对于企业整体形象广告的需求越来越强烈，这却是我不能接受的。他们有这样的转变并不奇怪，因为巨大的成功多多少少会让大部分人产生自夸的欲望。人们希望展示自己的厂房，讲述自己的创业故事，甚至还要给出些经验之谈。我认为这样的自吹自擂或许会让广告主心满意足，却是广大消费者最不愿意听到的。因此，出于对自我原则的坚持，我最终停止了与固特异的合作。**我认为所有人，无论处在什么行业，都应始终坚持原则。如果为了金钱放弃原则，那么在他屈服的那一刻，他就已经彻底沦为输家。也许他能够获得世俗意义上的成功，但绝对不可能成为一位杰出的艺术家，也不可能在专业领域更上一层楼。**

这一点其实也能解释广告运作中产生的大部分矛盾。客户是付钱的人，自然认为自己有权发号施令，但他们并非专业人士。一般来说，在广告合作刚开始的时候，客户还不会指手画脚，因为他们觉得自己还是个门外汉。但当他们逐渐觉得自己也是个广告专家的时候，一切就不同了。人们为什么要期待自己能在不擅长的领域也有所建树呢？这确实让人想不通。

这样的想法让许多人误入歧途。在某个行业中取得的成功似乎让这些人产生了自己无所不能的错觉。但现实并非如此，他们挣的钱很快就会因为胡乱投资于不擅长的领域而赔个干净。这些人从来不敢对外科医生指手画脚，也不会教律师如何打官司，或者教艺术家如何画画，因为他们深知自己在这些领域缺少专业技能。但广告不一样，在他们看来，广告很简单，面向的消费者群体更是单纯。但他们没有意识到，即便穷其一生，人们对广告的了解也不过是皮毛而已。

后来，到我为米勒轮胎做广告时，轮胎行业的形势已经彻底改变了。当时，消费者普遍认识到排名靠前的几个品牌的轮胎并没有太大的差异。因此，打破这种印象，培养他们对品牌的偏好成了最重要的事。

当时，米勒轮胎被广泛用于美国西海岸的公共汽车，因此我采集了相关数据和使用记录。我发现米勒轮胎包括里程记录的各种数据都出乎意料的好，并且商业化趋势也非常明显。

我把这些情况记录下来，作为广告宣传的主要素材。普通的轮胎买家是不会比较这些数据的，他们连轮胎使用里程数据都很少记录。而且，即便他们尝试做比较，所用方法也未必科学。不过，他们清楚地知道大客户们一定是经过精准测算才做选择的。基于上述情况，我一方面用准确的数字说明比较结果，另一方面又精确地描述了米勒轮胎的商业化趋势。

我在广告中描述了在米勒工厂进行的测试：技术人员通过模拟实际路况，用大型机器对各种轮胎进行磨损实验。我对实验的过程以及比较结果都做了详细说明。这一切使得广大消费者建立起一个符合实际情况的观念，那就是米勒轮胎在竭尽全力地想办法提高产品的使用寿命。那次的广告活动规模不大却大获成功。

与许多其他行业一样，我们也面临着在经销商和消费者之间做选择的问题。我始终认为不能两头都抓。我们不能一边为了拉拢经销商而大把投入，一边又为了吸引客户花更多钱。如果真是这样，付出的代价就太大了，相应地，转嫁给消费者的成本也会过高。因此，我们必须做出取舍。假如某些商品通过经销商能顺利卖出去，那么就全权交给他们去做。但如果决定由企业方负责广告宣传事宜，那么经销商承担的就是单纯的分销职能，相应付给他们的钱也就不能过高。如果真的两头花钱，企业必然面临销售费用成倍增加的灾难性结果。在这种情况下，企业负责花钱做广告吸引顾客，批发商和经销商只负责接单。那么企业势必既要为吸引顾客花钱，又要为了激发批发商和经销商的积极性而让利，还要承担广告中用到的试用装或者其他赠品的支出。

一个从没做过广告的产品，如果没有客户需求，就必须依靠经销商打开市场，这在推销中是个很大的问题。这些经销商往往会狮子大开口，而且不管你出价多高，总有其他企业压你一头，这就导致你的利润很快就严重缩水。

作为生产商，如果想扩大市场需求，我的建议是必须正确看待批发商、经销商等中间环节的作用。一方面，对于他们实际承担的工作要公平对待，不可克扣，另一方面也无须为他们并没有发挥的作用买单。如果不对这一点进行把控，那么批发商们会把自己在市场竞争中产生的费用也算到你头上，经销商们也会把你分给他的利润和他们自营的生意做比较，他们只会关注利润高低，可不会想到你已经帮他们完成了本应由他们负责的销售工作。

我为不少公司做过产品广告，其中大部分公司从未聘请过推销员。**这些广告的整体思路是直接争取消费者，因为消费需求一增加，经销商们必定不请自来。**那些既想吸引消费者，又想把东西推销给中间商的人必然要付出巨大的代价。俗话说"鱼和熊掌不可兼得"，在利润空间有限的情况下，企业必须做出选择。

第 12 章

兑换比赠送更有效

我在公司里牵头组建了一个"顾问委员会",任何人都可以当面或者写信向我们提出广告方面的问题,并可以自由选择是否接受我们给出的建议。大约有 16 位优秀的广告人参与委员会的工作,为前来咨询的新老客户发现合适的广告机会。数以百计前途不明又犹豫不决的大企业主向我们求助,但他们带来的项目往往十之八九都不被我们看好。

我们组建委员会的初衷,一方面是希望通过广告人的思维碰撞做出优秀的广告作品,同时也希望我们的建议能让大家避开雷区,当然最好还能发现一些宝贵的广告机会。此外,出于同样的目的,我们出版了很多书,基于以往的经验为大家提供建议。我们始终认为个体的利益有赖于整个广告行业的繁荣,因此为行业的发展尽一份力是非常有必要的。错误和灾难会阻碍行业发展,但一个引人注目的成功案例也足以让很多人信心倍增。毫无疑问,我们无私的分享与帮助在过去二十年里极大地推动了广告业整体的发展。

一天早上，密尔沃基的约翰逊肥皂公司的老板 B.J. 约翰逊先生出席了我们的会议，同来的还有该公司的新任销售经理查尔斯·皮尔斯先生，他非常希望能找到一条公司发展的康庄大道。他们对是否应该为一种名为"迦尼"的洗衣皂做广告宣传而苦恼。经过深思熟虑，我们建议他们不要做，他们也确实听从了。我们从不贸然鼓励客户为产品做广告。

接着，我们问约翰逊先生一行是否还有其他产品在售。他们说有一种名为"棕榄"的香皂，是用棕榈油和橄榄油混合制成的。但这种香皂目前销量很少，因此公司尚未考虑为它打广告。当时，在座的顾问委员会成员还没有对人们会如何疯狂追求变美这一点建立清晰的认识。正是棕榄皂的出现让我们开始关注这个问题，可以说我们注定在这个行业大展拳脚。

那天的会上，先是有一位成员说起埃及艳后似乎就曾使用棕榈油和橄榄油护肤，接着另一位成员也立马提出罗马时代的女人们也是如此。随着讨论的进行，我们意识到一个广告机会正在萌芽，便向客户提出让我们试一试。我们建议将试点地选在大急流城，整体投入预计约 1 000 美元。但是，约翰逊先生认为在一个前途未卜的项目上投入那么多钱实在太冒险，我们只好把试点地改到密歇根州的另一个城市——本顿港，成本相应压缩到 700 美元。于是就在那座小城里，棕榄皂的第一支广告横空出世。

我们沿用了先前多次成功的广告方案。据我所知，这套方案由我原创，并且这套方案在我的成功路上至关重要。我们先是发布了两三个广告，讲述历史上的美人们与棕榄皂的故事，又特意在广告正文上方框出一片显眼的区域，在其中发布了一则消息：几天之后，我们将会替提出申请的每一位女性购买一块棕榄皂。这则消息大大增加了广告的阅读量。

众所周知，当你主动提出要为一位女士买些什么时，她一定会非常关心这件事。因此，棕榄皂吸引了大量的女性读者。等到预估需求量已经足够大的时候，我们推出了一整版广告。就像我曾在范坎普的广告中做过的那样，广告中包含了一张兑换券，凭券可以在任意商店兑换一份价值10美分的棕榄皂，费用由我们承担。

和无条件免费赠送相比，这种方案有很多好处。首先，它能够给人留下更深的印象。我们提出要为女性顾客购买产品供她们试用，这与免费向所有人赠送样品相比，对顾客心理的影响是截然不同的。**无条件免费赠送会让商品显得掉价，并且当试用结束，人们发现自己要为曾经能够免费获得的商品付款时，他们必然会产生抵触情绪。但如果我们也像消费者一样购买商品，这就足以显示我们的自信，坚信自己的商品一定会让人满意。因此，"您消费，我买单"这个广告词比"免费赠送香皂"好得多。**其次，这种方式能够激励经销商大量购进产品。无须任何推销员，只需要把兑换券的事原原本本告诉经销商即可。几乎每个家庭都会收到这种兑换券，主妇们一定不会把这"10美分"白白丢掉。对于经销商来说，如果自己不能让顾客兑换到商品，顾客自然会去其他门店兑换。就这样，我们以很低的成本迅速建立了广泛的销售网，这对于广告来说是不可或缺的基础。

先在任意社区投放广告，宣布自己的帮买计划，然后在确保曝光度以后正式投放广告和兑换券。所有对产品感兴趣的人都会进行兑换，那么短短两周内就会有成千上万的用户成为潜在客户。我一向认为，**向没有需求的人赠送试用装甚至是正装是毫无意义的。我们必须主动让人们意识到产品的价值，引发他们的兴趣。不询问意愿随意赠送，或者直接放在门口都会让产品掉价。但当人们必须为获得产品而付出努力，或是知道你按零售价购买产品送给他们时，情况就不同了。**

以上就是我们在本顿港做的首个棕榄皂广告的具体方案，包含兑换优惠券的费用在内，一共只花费了700美元。经过这次活动，众多女性顾客开始试用棕榄皂，并且对其品质与效果有了深入了解。接下来我们要做的就是坐等试用效果。顾客在试用过香皂后会做些什么？这个问题的答案就决定了广告的效果。

下面我会谈到广告方案中的一些具体数据。棕榄皂的广告从1911年问世到现在已经过了许多年，因此我的记忆可能有误，但应当不至于偏差过大。香皂在本顿港热卖，使得我们在费用结算前就收回了广告成本。当时，我们确切知道自己已经获得了消费者的青睐，之后又在其他许多城市进行试点，最终都取得了良好的效果。据我了解，这些地区投入的广告总费用大约是 5 万美元，并且绝大部分地区广告投放后增长的销售额很快便可以覆盖前期投入，这足以说明这套方案的有效性。后来，我们又将广告刊登的范围拓宽到杂志，并最终建立了全国范围的销售市场。

这里我想插一句，我并不想过分强调自己的功绩，我们的团队集合了众多经验丰富的人，是大家的共同努力造就了最后的成功。我们的老板经常说，那些企业能成功，全要归功于我们的广告。我不同意他的看法。在大多数成功案例中，我们都起到了发掘并发展广告机会的作用，但这没什么稀奇的，因为那是我们的本职工作。广告策划、论证以及推行策略都是我们作为广告创意人员的看家本领。但广告的成功是有前提的。首先，产品必须符合大众要求，这一点取决于制造商；其次，企业的经营管理也至关重要。我认为在初期的广告营销后，棕榄皂能获得成功就有赖于这两点。而这一切的开端，就是 1911 年查尔斯·皮尔斯来找我们的那个命中注定般的早上。

我写这本书的目的并非夸耀自己的成就，而是以我自己一路走来的经验教训给信任我的后辈们提供一些参考。我无意贬低他人发挥的作用，或是伤害他人的自尊心，毕竟没有人能单打独斗创造一番事业。

在地方性报纸上发布过棕榄皂广告之后，我们决定立刻将范围拓展到全美国。我们依旧沿用了之前的做法，在《星期六晚邮报》和《妇女家庭杂志》上各刊登一整页广告并在其中插入一张全国通用的兑换券。我们把广告和兑换券的样张预先寄给各地的经销商，告诉他们会有多少广告在当地发行，并指出顾客和开方子的药剂师都认可这张兑换券的价值。结果，尽管大部分经销商甚至从还未见过这种香皂，我们依旧接到合计超过 10 万美元的预购订单。于是，为了确保经销商的供应链不断，批发商们也开始大量进货。广告正式刊登后，因为免费兑换样品而产生的产品需求猛增。几天后，数以万计的女性开始使用棕榄皂，并通过实际体验印证我们在广告中描述的产品优点。一时间，全国各地几乎每一家药店都在销售这种产品，而且就回头客的比例来看，全国整体的数据甚至比试点城市更好。

棕榄皂就是这样通过广告站稳脚跟的。目前，棕榄皂已成为全球首屈一指的香皂品牌之一，每年的销售额高达数百万美元，广告开支也相当惊人。无论是制造商、广告公司还是发行方都因此获得巨额利润，而这一切都是从本顿港那次 700 美元的尝试开始的。

讲了这么多，我想总结几点。**首先人性是相近的，起码在一国范围内如此，因此能让我们在本顿港获得成功的方案必然也可以推广到全国。其次，我们不需要也不可能把一种产品同时向经销商和消费者推销，事实上只要客户有需求，经销商自然不请自来，这一点在如今这个人力和物力成本大大提高的时代显得更加重要。另外，我认为迅速扩大销售范围比渐进式推进能带来更高的利润**。因此，一旦能够确定销售方案的正确性，就必须抓住机会，争取以最快速度将销量提到最大。

我们在广告中常会使用简单易懂又能引起大众共鸣的广告语，或许在知识分子听来过分直白粗浅，但往往深受消费者喜爱。"荷兰清洁剂，污垢不留痕""象牙香皂，泡沫一冲即去""金牌除尘器，解放你的双手""卡斯托利亚，孩子们的挚爱""让你的肌肤永远十八岁"，诸如此类的广告语十有八九能成功。

我曾经认识一个人，他为一套商业读物做广告，这套书中囊括了许多宝贵的经验，非常有启发性，值得每个从商者阅读。但奇怪的是，书的销量并不好，出版商也挣不到什么钱。于是，他找到我们，咨询了顾问委员会的其中一位广告专家。那位专家建议他立刻对外发布一则公告，宣布公司将为购书者提供附加服务，可以把他们的名字用烫金字体印在书上。我们或许会下意识地认为这样一个举动并不会对生意有什么影响，可现实是，那套书由此大获成功。这似乎匪夷所思，但道理其实很简单，那就是印名服务让这套书变得与众不同，正是这点不同造就了成功。

还有个类似的例子，曾有一家人寿保险公司通过寄推销信给客户的方式招揽生意。按常理，这种推销信不可能发挥什么作用。但这家公司与众不同，他们在信中提到，公司为广大客户准备了皮面笔记本，上面用烫金字体印着他们的名字，客户们只需在回信中登记姓名、收货地址、生日等信息，就可以获得邮寄到家的专属笔记本。一旦客户回信，保险公司获得了客户信息，就可以有针对性地制定保险方案了。根据我的分析，这种推销信应该只会被寄给在商场上运筹帷幄、叱咤风云的人,这些事业有成的人都希望自己的物品能吸引他人的注意,即使只是一本10美分的笔记本,也要彰显出不一般的特色才行,所以这封信确实收到了大部分人的回信。这就是人性。

现在我们把话题再拉回到棕榄皂。棕榄皂的成功激励着约翰逊肥皂公司开展了许多其他产品的广告尝试,但结果基本上都是虎头蛇尾。很显然,无论是我们还是他们,总有力不能及的事。其中一个失败的尝试是棕榄洗发水。这种洗发水品质不错,但并没有什么能脱颖而出的亮点。针对这款产品,约翰逊肥皂公司打出了老掉牙的广告语:"选我的品牌,不要选别人"。这显然永远不可能有用。

我知道在日本附近的一个小岛上特产一种有助于生发的精油,因此岛上的女性头发都又长又顺。我见过不少照片,拍的是几位日本女性站在椅子上,头发披散下来一直垂到地上的场景。但是过去的很多年里,这种精油一直被法国的生发液制造商独家垄断。后来合同到期了,我便劝说约翰逊肥皂公司的人拿下后续的合作,虽然成本确实很高,但我坚信回报一定更加惊人。当时的我并不知道棕榄洗发水先前的销售方式起到了什么样的作用,但我有为其他洗发产品写广告的经验,并且我清楚地知道,在洗护产品这个竞争激烈的领域中,产品必须有独特的亮点才可能成功。

接下来,我们再来看看棕榄剃须膏的推销过程。棕榄剃须膏一开始的确借着棕榄皂的名头顺利打入了市场，但仍然有许多需要关注的问题。其中最大的问题是，剃须膏其实是一种用户黏度很高的产品，大多数消费者可能已经有自己喜欢的剃须膏品牌并使用多年。因此我们面临的问题是如何让用户改变习惯，转而选择棕榄剃须膏。我们不可能对外宣称棕榄剃须膏有什么特别的效果，因为所有人都知道这是不可能的。当时国内有许多大型洗护用品制造商试图对剃须膏进行功效改良，但是尽管已经花费大量时间，他们依旧未公布过什么研究进展。

于是，我转而派专人开始对消费者进行喜好调查。我们询问了几百位男性关于他们对剃须膏最核心的诉求，然后去了当时棕榄系列产品的生产基地密尔沃基，把调查结果交给了首席化学师 V.C. 卡西迪先生。"这些都是消费者想要的，"我对他说道，"或许其他剃须膏也能做到，但目前为止还没有人将这一切向消费者公开。请你把棕榄剃须膏在这些列明的功效方面的实际数据给我。"人们希望剃须膏能打出大量的泡沫，卡西迪便给出数据证明棕榄剃须膏可产生 250 倍膏体量的泡沫；人们希望缩短剃须的时间，化学师们便通过实验证明，使用棕榄剃须膏后，胡须可以在一分钟内吸收 15% 的水分，使其像打了蜡一样直立起来方便刮除；人们还希望泡沫能够停留更久，化学师们便证明了棕榄剃须膏的泡沫能在脸上停留 10 分钟。

我问卡西迪先生，关于剃须膏还有什么是普通人并不知道的。他说人们都知道棕榈油和橄榄油有很好的润肤功效，但有一个最重要的问题大家并不清楚，那就是剃须的时候为什么不能用普通香皂。这是因为普通香皂打出的泡沫不多、停留时间也不长。泡沫必须楔入胡须之间，使须毛像即将收割的小麦一样竖立才符合要求。于是，我们基于这一点对棕榄剃须膏进行了宣传。或许其他品牌的剃须膏也能达到同样的效果，据我了解，在这一领域没有谁会比其他人强多少。但是，我们是第一个把具体数据摆在大众面前的，**再天花乱坠的说辞也不及确切的数据有说服力**。有人告诉我，在短短18个月的时间里，棕榄剃须膏就统治了市场，这还要归功于我们在宣传上用实实在在的数据代替了虚无缥缈的语言。

任何真正对广告感兴趣的人读到这里，应该都能明白我想表达的核心观点是什么了。**你不能单单靠着一句"买我的产品"，就试图打入一个已经被完全瓜分的市场**。这是一种自私的诉求，不可能有人喜欢这样的诉求。**你必须主动提供特别的服务，吸引人们放弃旧爱选择你的品牌**。一般的广告主不会这么做，那么如果你能做到这一点，再配合给出令人信服的数据，或许就能形成巨大的优势。为了说明数据的重要性，我再举一个以马自达电灯为代表的钨丝灯的广告案例。马自达电灯公司很明智地在广告中宣传自家的钨丝灯效能是碳丝灯的3倍，引起了很多人的关注。试想一下，如果他们只是笼统地说自家的钨丝灯比碳丝灯更亮，这不太可能给人留下深刻印象，毕竟所有人都说自己的产品比别家的好，大家早就习以为常了。但他们给出了3倍这个具体数据，那么广告的可信度和影响力就大大增加了。

我所讲述的这些广告案例背后的原则其实与推销员上门推销并无不同，这也是所有广告的基础原则。主妇们在灯下阅读广告时，你们之间的交流其实与上门当面推销有很多共通之处，广告其实就是一种落于纸面的推销。

第 13 章

改变习惯代价高昂

我最成功的广告之一是为两种膨化谷物做的。

事情是这样的,桂格燕麦公司的总裁 H. P. 克罗威尔先生是我一位老搭档的朋友。我的那位老搭档极力劝说克罗威尔先生和我见面,看看我有什么能帮到他的。于是某一天,克罗威尔先生把我叫到他的办公室。他对我说:"虽然目前我们有长期稳定合作的广告公司,但仍有不少产品还没有做广告。如果你发现哪个有潜力,我们愿意尝试,可用资金不少于 5 万美金。"

我认真调研了产品,最终有两款产品吸引了我的注意。一种叫"膨化大米",单价 10 美分;另一种叫"麦果",单价 7 美分。当时,两种产品的销量持续下降,所有生产商都不看好它们。

我之所以选择这两种产品是因为它们都有独特的亮点。我要求公司把"麦果"改名为"膨化小麦",那么我们就可以将两种膨化谷物组合起来打广告了。同时,我还要求把膨化大米的单价提高到 15 美分，膨化小麦提高到 10 美分，这样一来，平均每袋的结算价格可增加 1.25 美元，正好能用于广告费开支，让我们有足够的资金开发新用户。我坚信我们的广告可以吸引足够的消费者从而弥补提价带来的影响。

膨化谷物的发明者 A.P. 安德森教授陪我去了产品工厂。不论是在赶往工厂的路上，还是在工厂里，我们都没日没夜地研究产品可能吸引消费者的亮点。

我了解了谷物膨化的原理是使谷物原有的分子结构被彻底破坏。我亲眼见证了膨化后的谷物体积放大到原先的 8 倍，就仿佛每一个分子都被炸开了一般。

我还仔细观察了膨化谷物的制作过程——所有谷物都从一个枪状的膨化器内喷射而出，于是我想到了"枪里发射出来的食物"这个广告语。

然而，我的奇思妙想引发了嘲讽，当时国内最大的食品广告商特意写了一篇文章讽刺我。他说，这是他见过的最愚蠢的食品广告，只有白痴才会想到用这种噱头吸引女性顾客。

但后来的事实证明，这个"噱头"非常有吸引力，它能够引起人们的好奇心，**而好奇心是人性中驱动探索与尝试新事物的原动力。**

膨化谷物广告背后蕴藏的道理值得我们深入思考。这是有史以来最成功的谷物广告，它使得膨化小麦和膨化大米一跃成为早餐食品领域最赚钱的产品。

我首先刻画了一个人物形象,那就是安德森教授。这是我常用的方法,我认为,相比冰冷的公司形象,一个活生生的人物更能打动大众。所有人都喜欢研究别人的生活和他们的成就,所以一旦这个人出了名,他的作品自然也会声名鹊起。

接着,在每个广告中,我描述了膨化谷物的体积是普通谷物的 8 倍,这就让人们想亲眼看一看这种神奇的谷物。

随即,我又在广告中解释了膨化的原理,每一粒谷物都会经历 1.25 亿次蒸汽爆炸,仿佛每个细胞都炸开了,这就使得膨化谷物比一般谷物更易被人体吸收。在一个短短的广告中,我把膨化谷物所有能够吸引消费者的亮点与优点都展现出来了。

多年来,已有不少人为膨化谷物做过广告,但结果都不尽如人意。这是因为以往的广告只将膨化谷物作为无数谷类食品中普通的一种,并未对其亮点或者特色加以挖掘。但我们做出的广告却让膨化谷物显得独一无二。广告引起了人们的好奇心,所有人都想亲眼看看膨化谷物的庐山真面目,因此那次广告活动为公司赢得了稳定的客户群。

我们也走过不少弯路,好在都及时纠正了错误。我们曾经花了一大笔钱在报纸上做广告,投入甚至超出了产品的承受能力。但问题是,报纸的受众虽然很广,但膨化谷物昂贵的价格却让大部分人望而却步。我们最终不得不承认,对于膨化谷物这种以中产阶级为目标群体的产品,杂志广告才是唯一的选择。

当时我们无差别地随意派发了数百万份试用装,却并没有吸引到多少顾客。这让我们意识到，必须首先培养大众对产品的兴趣，使其心生向往之后，试用装才能发挥作用。

于是我们停止了随意派发试用装的做法，又刊登了大量杂志广告，每份都附带一张可在任意商店免费购买两种膨化谷物的兑换券。这样一来，看到广告的人会首先阅读我们的品牌故事，如果他们剪下优惠券，就代表我们的故事吸引了他们，他们非常愿意接受我们的试用装，并从中找到产品亮点。

所有产品的试用装派发都是如此，人们对送上门的赠品兴致索然，你永远也别想从中获得回报。唯一的方法就是把东西送给对产品有兴趣，并愿意为之付出努力的人。我们要为产品营造一种氛围感，这样它才能给消费者留下持久的印象。

另外，我们曾在发布的广告中提出向购买膨化大米的人免费赠送膨化小麦。但事实证明这实际上是一种无效广告，因为这种买一赠一的方法仅仅意味着产品降价，对那些不愿意接受膨化谷物的人来说，产品无论是半价还是全价卖并没有差别，因为他们都不愿意购买。因此尽管我们发布了几百万份广告，最终吸引的新客户却少得可怜。

我相信所有广告主都发现了，半价优惠对购买者并没什么吸引力。一张需要顾客花费 10 美元的优惠券只对极少的人有吸引力。各位必须记住一点，**卖方要做的是努力争取客户，那么对于真正对产品感兴趣的客户群体，就应该尽量降低他们的试用难度与成本。**

从经济学视角看，半价销售吃力不讨好。我们可以试算一下，每份试用装的售价约为 25 美分，使用半价券后，客户购买试用装大约要花 10 美分，而由此产生的询价成本至少为 1.25 美元。为了挣 10 美分，付出 1 美元的代价，并且可能只能赢得投放量 1/5 的客户，这堪称广告界最愚蠢的做法。

鉴于我在膨化谷物上的成功，桂格燕麦公司希望我能为他们的其他产品尤其是"桂格燕麦"这一主打产品的广告策略提些建议。然而那一次我犯了职业生涯中最严重的错误之一。

桂格燕麦公司当时在燕麦类产品市场具有垄断地位，我认为如果能进一步扩大燕麦类食品的消费总量，桂格燕麦必然成为最大受益者。基于这样的判断，我为桂格燕麦进行了第一次广告方案策划。

在此我不再赘述具体的方案，总而言之，如果仅就广告本身而言，在其辐射的范围内确实产生了深远且有效的影响，我还特地专门雇了几百个人负责收集数据。而我的错误在于，我试图用新颖而且有吸引力的广告为人们科普燕麦的优点，却忽略了最关键的一点，那就是人们食用燕麦已有几个世纪的历史了，几乎每个人都知道燕麦的价值。不吃燕麦的人必定是有某些不可克服的原因，因此没有人会因为我们的一个广告去改变自己长久以来的饮食习惯，在这种情况下如果真要争取新客户，我们必然要付出极大的代价。

类似的情况在很多产品上都时有发生。比如，如果为了扩大牙膏的消费市场而劝说不愿意刷牙的人开始刷牙，那么我估计每争取一个新客户起码要花 25 美元，这么高的成本没有几十年不可能收回。

要养成一个新的消费习惯离不开广泛的日常引导，这很大程度上需要依靠舆论的长期宣传与熏陶。我从未听说哪家企业能凭一己之力彻底改变人们的习惯，而且如果在大范围内无法做到这一点，那么小范围内自然也做不到。任何试图达到这一目的的广告投入，字字句句都是浪费。没有人能奢望靠着广告改变人们习惯的同时还能盈利，绝大部分广告主都是在新的习惯已经形成时才出现，然后宣称这才是主流。

那些没有意识到这一点的广告主花费了大量的金钱，却最终无功而返。他们总把争取的对象定位在还没有养成产品使用习惯的人群。这种想法很好，也很无私，但永远不可能实现。

经过最初的失败，我没有再尝试开发桂格燕麦的新客户，而是针对现有客户开展了各种广告活动，努力让他们进一步了解我们的优势，后续的广告均取得了极好的成效。

我们最大的成果是在战争时期取得的。当时肉类紧缺，人们迫切需要找到能够代替其提供日常所需能量的食物，对卡路里的研究也由此成为一种趋势。桂格燕麦所含能量很高，而成本只有肉类的 1/10，这使得桂格燕麦在这一时期实现了蓬勃发展，销量成功翻番。

尽管如此，我们心里一直明白，烹煮时间较长是燕麦片的一大缺点。因此当一个竞争企业推出速煮燕麦时，我们的销售份额被大大侵占了。正当焦虑之时，一位发明家带着他研制的速食燕麦找到了我们。这种燕麦名叫"两分钟燕麦"，稍微加热一会儿就能食用。

大家都认为这是足以与对手抗衡的好产品。公司里很多人主张直接大规模推出这种产品，但我还是强烈要求先进行试点，看效果再行决定。

于是，我们在几个城镇进行了"两分钟燕麦"的广告试点，并且免费提供产品供消费者品尝，然后我们又写信给消费者，询问他们对产品的使用感受。然而，公众的反馈并不理想。两分钟燕麦的口味和他们以往熟悉的不一样。没吃过传统燕麦片的人或许会喜欢这种口味，但老客户们难以接受这种改变。

考虑到老客户的市场占比之高，"两分钟燕麦"的口味显然是不符合市场选择的。

"两分钟燕麦"宣告失败后，我们很快又研发了烹饪时间在3~5分钟，口味类似传统燕麦的新产品，我们将之命名为"速食桂格燕麦"。然而鉴于"两分钟燕麦"的失败，公司董事大多对此持否定意见。但我还是竭力劝说他们尝试一下，看看家庭主妇们对这种产品的反馈如何。

我们依旧在部分城镇进行了试点，出钱买下第一包让顾客品尝。我们告诉顾客，无论他们更喜欢桂格燕麦还是"速食桂格"，都希望他们能够进行反馈。我们并不想对两者进行优劣比较，只是想知道他们的偏好而已。这些顾客中大约有90%的人选择了"速食桂格"。现如今,"速食桂格"的销量已经明显领先于传统桂格燕麦了。

这一切都给我们上了极其重要的一课。**我们的成功靠的是取悦消费者。通过一些成本较低的测试,我们可以知道自己是否达到了消费者的要求,并可据此对后续的努力方向进行调整。**

"两分钟燕麦"因为并不合大多数人的口味而失败,"速食桂格"却成为桂格燕麦公司新的增长点。通过向主妇们广泛采集使用反馈,我们用较低的成本预见了两种产品截然不同的命运。

把选择权交给消费者,这样就可以清楚地知道市场需要什么,也无须承担太多风险。这是广告成功的唯一途径。如果仅靠猜测,也许每50次能猜中1次。但如果用上述方法,那么准确率就会是100%。

第 14 章

传递积极情绪

到目前为止,我职业生涯中最成功的广告项目要属"白速得牙膏"。我和白速得公司的投资人合作了 22 年,一起靠广告赚了几百万美元。他对我选择了洛德与托马斯广告公司而没能加入他们一事非常沮丧,后来还曾开出高薪挖我,并许诺要为我提供一些绝佳的合作机会。

他当初投资白速得牙膏,还要从他到亚利桑那州图森市参与当地的灌溉项目说起。那里的夜晚总让人感到格外漫长且孤独,于是他邀请了一帮注重保养的朋友到图森,其中就有白速得牙膏的发明者。

当他带着这个新项目来找我时,我对此并不看好。因为首先我不知道应该如何让外行人了解有关牙膏的专业理论,这是个技术性问题,而且在当时牙膏普遍定价 25 美分的情况下,他想为自己的产品定价 50 美分,这更增加了推销难度。

但他依旧坚持不懈地劝说我，并许诺给我半年期的大宗股票期权，我们很快达成了合作。

我读了许多本牙科权威人士写的理论专著，白速得牙膏正是以这些理论为基础发明的。这样的阅读是乏味的，但在某一本书中，我发现了有关牙菌斑成因的参考资料，后来我在广告中将牙菌斑称之为"薄膜"。这让我想到了一个绝佳的策略，我决定在广告中宣传这款牙膏具有抹去阴霾，重现美丽的功效。

人们以往普遍认为牙膏的作用是预防牙病。但长期积累的经验告诉我，**人们对于起到保护性作用的产品不感兴趣。他们愿意付出任何代价去解决问题，却不太愿意防患于未然**。因此从整体上讲，宣传产品的保护作用并不太吸引人。无数广告创意都因为没有关注到这一点而徒劳无功。

那时候，很多人希望我能在广告中展现牙齿疏于保护会变成什么样。但我知道，这种负面信息很容易引起读者的反感，毕竟没有人喜欢在看广告时被戳中痛点，他们只想听夸奖的话。正如一句俗语所说，"你欢笑，这世界陪你一起欢笑；你哭泣，却只能独自黯然神伤"，这说明人们更希望从他人处知道如何获得幸福与快乐的方法。

广告效果的好坏取决于是否能抓住消费者的心理，有时候仅仅是改变提出诉求的方式，结果就会截然不同。许多制造商会向人们展示不使用本品牌牙膏的糟糕后果，希望以此说服人们购买产品。但据我所知，除了那些已经出现牙病问题的人，很少会有人为了这样的广告买单。**人们很少关心如何规避灾难，他们更想知道如何能获得更多的成功、更多的幸福、更多的美丽以及更多的欢乐。**

我正是认识到了这至关重要的一点，所以从不在广告中提到或展现人们被牙病困扰的痛苦场面，我所用的每一幅插图上都只有光彩四射的人和他们漂亮的牙齿。

但是要想做出一个优秀的牙膏广告，除此之外还有很多因素需要考虑。有些是我从以前的经验中总结的，有些是必须在这一行中学习的。我们试着发了几百个广告，每个广告都重点展示了优惠券，只是在标题上有所不同。广告的效果每周都会以报告的形式进行反馈，我由此逐渐掌握了消费者对广告标题的偏好，发现某些标题确实可以迅速吸引眼球。

我知道人类对"变美"的追求是永恒的。绝大多数人，不论男女，都希望自己有吸引力。那么如果我能提供一个切实可行的变美的方法，他们一定愿意认真听我说，于是我开始将"变美"作为产品的主要亮点。

另外，我还知道一个企业如果只知道吹嘘自家产品的优点，必然会受到大量的批评；如果产品与卫生保健相关，情况则更严重。

要是我直接劝说人们购买白速得牙膏，他们必然无动于衷，再告诉他们花 10 美分可以买一份试用装尝试一下，他们就更不会理我了。因此我不得不做利他性的广告，免费赠送试用装。这种广告的全部目的在于吸引人们，让他们愿意尝试一下我们的产品，我甚至没有提及白速得牙膏正在销售中，更不会提及产品的价格。在大众看来，我的目的并不是兜售什么，而是自己出钱证实白速得牙膏有什么样的功效。

这就带来了另一个启示。对绝大部分产品而言，比如食品，"免费"这个词相当具有吸引力，它能够增加广告的阅读量，因此提供试用装看起来是一种非常自然的销售方式。

但是对于卫生保健类产品，人们的心理会发生变化。我们必须着重强调白速得牙膏对使用者是极其有益的。如果我们照搬之前说过的早餐谷物的模式，无疑会降低人们对产品重要性的判断。因为这会让大众觉得我们不过是逐利的商人，而非造福大众的科研人员。根据结果反馈，当我们在广告标题中包含"免费"字样时，广告的效果会大打折扣。

这样的策略差异很容易被忽视。免费试用装如果用在甜品广告上，是合乎大众心理的，但如果对象是卫生保健类产品，再把"免费"作为主要宣传点，就削弱了本可以吸引新顾客的产品优势要素。

我花了些时间才意识到这一点，同时也付出了金钱上的代价。但好在优惠券的兑换率能够直观地体现消费者对广告的反应。这让我在一周内就认识到自己的错误，从而避免了在错误的理论上浪费太多钱。

通过白速得牙膏，我们取得了业内最为人称道的战绩。尽管遇到过种种阻力，但白速得牙膏依旧势不可挡地在全世界范围内销售。如今它已销往全球52个国家，使用包括中文在内的17种语言做广告，并且无论用哪一种语言，广告都一样有效。

我们当初进入的是一个近乎瓜分完毕的市场。在前进的道路上，我们遇到了无数竞争者，但最终它们都成了我们的手下败将。白速得在短短几年内一跃成为牙膏中的明星产品，这样的成功并非偶然。

白速得公司的原始资本不多，而且基本都投入在办公设备和机器上，与公司合作的也都是老牌广告商，因此他们一般不愿意在无法确保快速收益的生意上投入太多。

但是我们做到了。在第一个试点城市，我们在费用结算前就收回了1000美元的广告成本，在其他试点城市也是如此。我们的投资商由此确认这项计划切实可行，于是投入了大笔资金。有了资金的支持，我们在一年内将销售拓展到全美，四年内建立了全球的销售网络。

回想这个项目，我不知道还有哪个广告能够如此迅速地取得巨大的成功。尽管这个广告还有很多不足，甚至我自己也能想出其他足以在三个月内战胜这条广告的方案。但是当时的我已经在广告业工作了将近30年，已经从成百上千的广告策划案中积累了无数经验。我通过优惠券反馈的方式及时发现了自己的失误并且立刻进行策略调整，所以在还未犯下太多错误之前，我就通过观察回报的方式找到了快速而可靠的成功之道。

做广告的牙膏制造商不在少数，但很多人因为秉持的理念不符合大众喜好而一败涂地。他们没能根据反馈结果调整策略，以至于犯了错也浑然不知，他们遭遇的一切本是可以避免的。

白速得牙膏让我挣了整整100万美元，要知道最初我并不看好这个项目。但是通过无数次的试验与反馈，我最终了解了大众的心理偏好并获得了成功。

我们从中能够学到的经验是，**任何人都不能仅依靠主观判断或过往的经验做事。我们必须不断探索，因为新的问题需要新的经验。我们必须审慎对待自己的事业，注意观察结果，发现不当之处必须及时改正。**

自此以后，我可以轻而易举地列出一百种无效的牙膏广告方案，并且能证明它们为什么是错的。但是即便如此，依旧有许多人因采取错误的方式而失败。这让白速得牙膏广告显得更加珍贵，因为在这个广告中，所有决策都有现实数据的引导。

第 15 章

遵循经济性原则

我的大部分广告客户都是依照我在本书中描述的方式发展起来的,在这里我就不对每个细节都具体描述了,那样会非常枯燥。

我还做过不少邮购广告。对广告公司来说,邮购广告不算是很好的选择,不但费时费力,而且也很难形成规模。但是,邮购广告对于广告人来说却具有极强的教育意义,它能让广告人保持斗志,并时刻关注广告的投入与产出。可以说,邮购广告能教会广告人的比其他任何形式的广告都多。

在我全部的广告创作中,我都尽可能多地运用邮购广告中成功的模式与经验。这种广告形式的有效性已得到验证,大家都知道做邮购广告能赚钱,否则不会有那么多人前仆后继。可以说邮购广告是大量跟踪调查发挥作用的典范,也是迄今为止最高水平的广告形式。

对邮购广告的研究必须基于经济性的考虑,比如在版面设置上，邮购广告一般都会使用小字体，因为大量试验证明使用大字体是一种浪费；再比如广告中没有一个无用的插图，这是为了更好地推销。如果以一个合格的邮购广告为模板，将版面放大两倍，用更大的字体，再加上装饰或者漂亮的边框，那么你一定会做出一个看起来更美观的广告，但同时成本也会加倍。

我们必须承认，**成千上万次的产品试验使广告的经济性原则得到了普遍认可，同时也证明了在广告中无谓地浪费空间，用些大字体、边框或者插图是没有意义的**。邮购广告体现了广告版面最具性价比的安排。

要想理解并做到这一点，对广告人及广告主来说并不容易，因为他们本能地希望广告在外表上更有吸引力。但我们必须牢记，**广告的目的不在于娱乐，而在于顺利推销，因此尽可能降低销售成本才是追求的目标**。邮购广告正是凭借其投入产出的数据准确性，成为了实现这一目标的最佳广告形式。

曾有个广告主来公司咨询关于邮购广告的事。他主营一种售价 5 美元的产品，当时平均每封邮寄广告的成本为 85 美分，能带来 2.5 美元的收益。但他逐渐感到广告的利润空间在缩小，于是希望我们能帮助降低销售成本。我们为他设计了一个广告，但没有得到认可，因为他认为这个广告不够吸引人。后来他选择了另一家公司设计的规模更大、看起来更华丽的广告。可是这个广告的单位成本高达 14.2 美元，远超产品 5 美元的售价。而我们的广告成本则仅为 42 美分。我们不仅成功做到了成本砍半，还在往后多年的合作中始终将成本稳定在这一水平。考虑到年均 25 万份的回执量，这种成本节约带来的成果是惊人的。

有太多广告主只关注广告的外在，而不在意其成本，这让他们可能会选择类似前文所述 14.2 美元的天价广告而最终损失惨重。他们在广告上浪费了太多钱，有很多人甚至不知道他们付出了多大的代价，也不愿意听从他人的指导。因此我时不时会接些邮购广告，以提醒自己不要忘了脚踏实地。

有一次，我接手了一份家装分期付款的邮购广告。合作期间，该公司的业务量攀升至每年 700 万美元。邮购广告教会了我许多，光是赊销这一件事就让我了解了许多人性的本质。

很多人认为把东西卖给顾客就算大功告成，但事实并非如此，影响最终利润的因素太多了。前期的诸多投入，比如寄给顾客的产品目录或各式各样的营销手段，都要花钱，拿到货却不能按时付款的客户也不少见。因此，**决定利润多寡的关键在于能否形成优质稳定的客户群体**。要想多赚钱，就要想办法让这些客户不断复购，定期给他们邮寄优惠简报，吸引他们买更多东西的同时也带动其他人一同购买。

有一次我去这家公司时，隔壁的一幢大楼吸引了我的注意。经询问得知，这幢楼属于一家女装公司，并且也采用邮购加分期付款的业务模式。

我问道："你们为什么放任这样一家公司在身边发展起来？为什么不把他们的业务融合进来呢？"

于是，我们组建了一家类似的公司。我们聘请了一位看起来精明强干的中年女性，以她之名为公司命名，将她的形象照用在广告中，并请她签名。这样一来，我们把这位女性推到了台前，相当于以女性的口吻向其他女性发出购买邀请。

我们在广告中没有提到分期付款，因为这与客户的信用有关。广告中指出了得体的衣着对于女性的职业生涯有多重要，由此吸引了大量渴望在职场中展现最佳状态的年轻女性。然后我们的代言人——那位能干的女士就会站出来，主动提出可以给她们6个月时间进行分期付款。

对于这样的提议，顾客会感受到我们是真心希望能为其排忧解难，绝非是施舍与羞辱。事实上，我们的分期付款条件从内容上讲与隔壁的女装店并无不同，但我们的姿态以及给客户的观感却截然不同。我们让顾客感觉到是因为她们信用过关，所以获得了6个月分期付款的资格，就像有钱人在商店里能挂账一样自然。

这样一来，我们就彻底占据了市场，而隔壁的女装店在不久后关门大吉。他们冷冰冰的商业行为完全无法与我们充满人情味的氛围竞争，他们高高在上的施舍也不可能与我们平等对待每一位客户的态度抗衡。

表达方式上的一点儿改变竟然成就了一桩大生意，同时也提高了家装生意的业务量。

女装店吸引了大量顾客，她们大多按照合同付款，从而建立了信用。然后，这些优质客户会收到家装公司总裁的一封信，大意是这样的:"今天我遇见了女装店老板XX,她告诉我您是她的客户,您始终能够按时付款,信用良好,是她最重要的客户之一,她随时欢迎您的光临。我们公司主要做家装,我们也非常希望能为您提供类似的服务。我随信为您寄来了产品目录,上面虽然有'要求提前付款'的条款,但对于您这样信用良好的客户,我们不需要任何预付款。您可以随意挑选自己喜欢的产品,有任何需求都可以告诉我,您无须提前付款。如果拿到货您觉得满意,一个月内付款即可,完全不必着急。"

这实在让人无法抗拒,客户们原本对于赊购衣服还半信半疑,她们难以相信陌生人竟会如此信任她们。这时候,一家大型家装公司的总裁竟然告诉她们,鉴于女装店分享的信息,她们在家装公司已经拥有了良好的信用,可以享受特别的分期付款条件,并且无须预付任何款项。任何一位收到信的女性都不会白白放过这样的好机会。

女装店也是如法炮制。那位代言人以自己的名义给家装公司的顾客写信,告诉她们在女装店已经有了良好的信用,可以任意选购喜爱的服饰,无须一次性付款。就这样,大量家装店顾客都去那位彬彬有礼地来信的女士那里下单购买。

之后,我们又开始以同样的模式拓展男装生意,通过相互发展几条产品线的客户,整体销量翻了几番。任何单打独斗的生意都不能与我们的联合商行抗衡。

这就是广告的效果。**书面广告本质上与人员推销并无不同,**

如果商店对某件商品打折销售以吸引客流，那么其目的一定在于销售其他正价商品，这才是正确的销售策略。 广告人永远不能忘记自己推销员的身份，产品卖得越多，他也就越成功。

这里再讲一个邮购广告策划案，一定能给大家带来其他的感想。我接手了一家公司的广告业务，这家公司从事女装及童装邮购分期付款已有30年之久。这一领域盈利空间大，竞争者也很多，有些公司的年销售额能达到数百万美元。

这些公司无不为客户提供精美昂贵的产品目录。有些公司还会在广告中推出某些仅按产品成本价出售的特价商品，目的就在于吸引顾客多次来信索要产品目录并下单购买。

接着就是最主要的问题：如何吸引顾客选择在你而非其他公司的产品目录中选购。

每吸引一位顾客一般需要投入25美分，带彩色图片的目录单位成本至少为35美分。这样一来，每位索要目录的顾客都会花费你至少60美分，而最终能否盈利还是取决于发出的每份目录能带来多少销售额。

顾客一般绝不会只向一家商店写信索要产品目录。这就意味着他们至少有三四份目录可供选择，且每一份看上去都很有吸引力。到底选择哪一份很大程度上是凭兴趣或者纯属偶然。

诸位必须认识到一点，每份目录对企业来说都是60美分的成本，那么如果有4家企业为顾客提供了这样的目录，总成本就是2.4美元。根据经验，每份目录能带来的平均销售额约为10美元。那么，如果广告商们能够通力合作，就意味着每家都只需花几分之一的成本就能达到理想的结果。

企业要想实现利润，就必须使自己的销售额高于平均水平。那些广告商正是为了实现这个目标才找到我们。

于是我设计了如下方案：当一位客户来信索要我们的产品目录时，我就会到客户信息档案中查询来信者是否为新客户。如果是新客户，销售经理会给他写这样一封信，大意是"很高兴收到您的询价信，欢迎您加入我们，我们想以一种更实际的方式对您表达我们的感谢。信中附有我的名片，这样您订货时就可以由我直接与您对接。届时我会亲自为您送货，亲自表达我的敬意并为您送上一份小礼物。恕我暂时不能透露礼物是什么，不过我相信一定会让您满意"。如果来信的是老顾客，他就会这样回信："很高兴能再次收到您的来信。有赖于像您这样年复一年光顾的老主顾，我们才得以生存。我们要花钱争取新客户，却没有为一直陪伴我们的老朋友们付出过什么，所以我想送您一份礼物感谢您长期以来对我们的信任。我随信附上了名片，当您下单时，请将其随函一并寄来。这样您的订单就会交由我来对接，届时我会送去一件小礼物来表达我们的感激之情。"

这样的信效果如何呢？所有来信索要目录的新老客户，都无一例外地收到了那张卡片。信中并未提到礼物是什么，因为好奇心远比描述更有吸引力。每位询价者都切实地获得了一张名片，他们只要从我们的目录中订购商品，就可以获得礼物。这就给了他们选择我们的动力,每份发出的目录就会带来更大的销量。

但同时,做出这样的提议必须谨慎,因为要确保礼物不令人失望,是一件每个女人都想要的东西。只要能够使产品目录带来的销量成倍增长,任何合理的成本付出都是微不足道的,而销量的增长就意味着广告效果的提升。

所有这些问题都要落在广告人身上。也许他写出了令人拍案叫绝的精彩广告,但广告没能使生意盈利,那么他很快就会出局;也许他以极小的代价成功激发了询价需求,顾客却最终选择了其他对手的产品目录,那同样也是他的失职。

做生意终究是为了赚钱,一个能帮助他人赚钱的人有着无限的发展机会,但如果让别人赔了钱,他即便是拥有再美好的构想,也会一败涂地。

上述最后一句话让我想到了另一个很有启发性的事例。在女装领域有6家主要服饰商,他们都希望通过广告让顾客们相信自己的产品价格低于其他同行。因此,他们公开强调产品的低价性,向顾客担保自家的产品价格是最低的,如果顾客在别处找到价格更低的同款商品,可以立即退货。于是一段时间内,所有商家都铆足了劲宣传,希望自己压过别人一头。但这样做反而等同于所有人站在了同一水平线,没有人能凸显出来,就好像什么宣传也没有做过一样。

他们向我提出了一个问题,那就是如何给顾客留下更深刻的印象。通过查阅企业资料,我发现他们历年的平均利润率不到3%。

于是我对此进行了宣传，承诺今后的利润率将不会超过 3%，并且将基于这一利润水平制定产品价格。

作为服装邮购领域历史最悠久、规模最大公司之一，他们的利润水平却只有 3%，人们势必会认为他们已经给出了最接近底价的报价，已不太可能再有降低的空间了。因此，不管其他对手怎样信誓旦旦地保证，他们的报价仍会被认为是最低价。

这也从另一方面体现了用数字说话的重要性。**任何空口白话的承诺在效果上都会有所折扣。**如果只打出一个"史上最低价"的旗号，人们很可能不会在意，因为很多人都会这样做。但如果你声称自己以 3% 的利润率进行定价，那么大多数人会相信你。**他们认为你应该不会在具体的数字上撒谎，也不敢在公开发行物上做虚假宣传。**

以上就是我为增加邮购销量而做的一些策划，它们对我并没有什么直接的意义。从广告创作者的角度来看，为邮购广告付出太多心力并不值得，但它能让我时刻牢记一点，这也是支撑所有的广告的根本原则：**我们必须以盈利为目标。如果要成功，我们就必须永远在销量上领先于对手。如果不坚持这样的原则，无论是谁都不可避免失败的结局。**

第 16 章

成功的原因

现在让我试着总结一下我能成功的原因,以便让后辈们有所受益。这里所说的成功,是指我在推动广告公司不断成长中发挥了应有的作用,并且这种作用至今仍未消失。我希望所有的广告人都能做到这一点。

在广告中,我们作为广告创意人员必须同时考虑三方的利益,各方相互关联却又立场不同。首先是广告发行商,我们的佣金收入由他们支付,佣金一般占广告费总额的 15%。广告发行商们期望我们能创造价值,最理想的就是通过争取新项目或改良老项目来发展新的广告机会,从而增加广告投放总量。

发行商们都知道我在专业方面做得很好。例如在汽车领域,我制作了第一条公开面市的广告,后续又有许多开拓性创举,包括为查尔姆斯、哈德逊、奥弗兰汽车等品牌创作的奠基性的广告。发行商们视我为引领汽车广告发展的领军人物。再比如在轮胎领域，第一条有影响力的广告是我为固特异旗下的"无断裂轮胎"制作的，这条广告的成功向所有制造商证明了轮胎行业同样需要广告。

还有牙膏行业。在白速得牙膏横空出世之前，牙膏广告的存在感相当低。白速得牙膏的迅速成功堪称广告界的奇迹。现如今，每年都有数百万美元投入到牙膏广告制作中。膨化谷物、棕榄皂的成功也都推动了所在领域广告的蓬勃发展。

正因为我成功为发行商们提高了广告投放量，他们反过来也愿意为我打开机会之门，只因他们相信我的广告创意能够帮他们赚更多钱。

第二个需要考虑的利益相关方是广告公司。广告公司的绝大部分优质客户都是从小做起的，我合作过的几乎所有客户都是如此。这些客户的广告往往风险极高，一个小小的错误可能彻底毁掉一个公司，而无功无过的策划也可能导致客户失去实现飞跃性发展的机会。这就解释了为什么优秀的广告创意人员能获得如此高的收入。

以我自己为例，我刚加入洛德与托马斯广告公司时，拿的是固定工资，周薪1000美元。但很快双方都意识到按佣金提成的计薪方式更加合理，并就此达成了共识。这种模式对双方都有好处，一方面公司只需就盈利的项目支付薪水，另一方面我也真正拿到了我应得的部分。

在这种分配规则下，我某一年的佣金收入达到了18.5万美元。

我没有秘书，也没有助理，全靠自己一个人勤勤恳恳写方案挣钱，其中大部分还是在我家附近的树林里完成的。此外，我还能拿到一些分红，很多来自我曾出谋划策的企业，并没有投入什么本钱。

我的佣金稳步增长，直至占到整个公司佣金的1/3。和拉斯克先生合作的这么多年里，他一直让我起草合同条款，并且出于对我的信任，有时甚至连看都不看就在上面签字。但这样会造成一个很自然的结果，那就是我所接的不会是别人也能做的现成项目，必然是颇具挑战的试验性项目。我的大多数客户也正是通过这些试验一步步成长起来的。

但我也不只着眼于自己，我竭尽所能地培养公司里的其他广告创意人员。我经常牵头组织研讨会，和他们一起讨论广告创意的路径法则，这一切都是我的义务劳动，同时我也写了不少有关明确广告代理公司法则的书籍。

考虑到我的杰出贡献，拉斯克先生最终决定由我接任洛德与托马斯广告公司总裁一职。基于同样的原因，我随后又成为公司董事会主席。后来，拉斯克先生到华盛顿为哈定总统效力，担任联邦航运局主席，我也因此又做了两年公司总裁。那两年里，我不得不处理各种其他事务，这让我的业务佣金锐减，着实损失不小。

作为总裁，我是没有薪水的，但还是要花很多时间与新客户打交道。每天早上我都会主持一次领导层晨会，以解决公司所有人员遇到的问题。在那两年中，我没有为自己接过任何能赚到佣金的项目，我不希望别人说我以权谋私，但这样做的结果就是我的个人收入大幅下降。

不过拉斯克先生一直很信任我，他知道我必会把公司利益放在首位，也知道我为此受了不少损失。因此在我写《科学的广告》一书时，他给了我一张 1 万美元的支票作为补偿。

我认为我的职业生涯中有一个不可或缺的因素，那就是苏格兰血统赋予我的与生俱来的自我认知能力。有段时间，拉斯克先生授权我做他的全权代表，我一次次地拒绝他支付超过我自认为应得的佣金。当时我的佣金比重已经占到了 1/3，我便自觉不再从那些我没有担当主要职责的项目中拿佣金。我和拉斯克先生的唯一分歧就是他总想多付给我一些钱，而我总是拒绝。我认为秉持公平分配的态度是成功的关键要素。**人在志得意满的时候或许能顺利要些手段占便宜，但注定不可能长久。所有人做生意都是为了赚钱，那么如果有人狮子大开口，其他合伙人就会想办法踢他出局。**

接下来再看看利益关系的第三方，也就是广告主自己。之所以把他们放在最后，是因为基于我的广告理念，广告主确实应当排在第三位。诚然，如果没有广告主，我们就不可能与发行商或是广告公司产生任何联系，但毕竟是发行商支付我们佣金，广告公司给我们工作，他们还是应该排在更靠前的位置。

虽然刚做广告不久的企业有时会对我们稍有顾虑，但那些总是更换合作公司的老广告主也不见得是什么优质客户。他们之所以更换广告公司，无非就是因为先前的广告遭遇了不可逆转的失败。

我认为，对广告公司最有价值的客户不是那些预算充足的企业。那些有钱的客户有一个通病，就是他们总抱有难以实现的期望，这样的客户实在数不胜数。对于广告公司而言，如果和这样的客户合作，就等于要挑战不可能，那么最终只会落得一败涂地的下场。在我看来，最有价值的客户应该是能带来全新广告机会的企业。机会从不缺乏，但在正式实施之前必须先进行小规模试点。这类试点活动的成本一般不超过5000美元，广告公司从中能收到大约750美元的佣金。一旦试点成功，要进一步完善广告方案，或者聘请专人负责，那么整体费用就不会低于两万美元，而且耗时很长，仅阅读材料及进行基本调查就要花去几周的时间。

这类广告的风险很大程度上都由广告公司承担。因为不管结果如何，广告主一般都能收回投资，所以广告公司才是真正冒险的那一方。如果失败，广告主不会有什么损失，广告公司却会受到重创；如果成功，对广告主而言可能会是数百万美元的盈利，广告公司也会获得15%的佣金，当然前提是广告从客户利益出发并能得到其认可。所以，我一向认为对那些允许进行试点测试的客户，我并没有义务确保结果，毕竟我所做的本就是有风险的活动。

这就是我把广告主排在最后的理由。我们也要认识到，尽管我们作为广告人无论对支付佣金的发行商还是给予工作的广告公司都有应尽的义务，并且要心怀感激，但让广告主取得成功才是最终目的。**表面上看我们对广告主负有的义务似乎最少，但是一**

切关系的存续都取决于广告主的态度，只有广告主成功，其他一切才得以继续。

广告能否成功就取决于三方的利益能否得到满足，而他们的诉求都落在利润上。因此，要想让他们都满意，唯一的办法就是认真经营每个项目，确保盈利。

对于广告主的要求，我一向是全身心投入的。我坚信如果他们成功了，那么我们整个团队必然也能赢得属于我们的成功。只要最终能实现这一点，其他的我都不在意。

一般来说，曾在广告上遭遇重大失利的广告主往往会转变对广告的态度，而且很难再改变。因此我必须尽力阻止这种情况的发生。很多情况下，广告失败不可避免，所以在确保广告方案能盈利前，我从不让客户在广告上投入太多。这样一来，如果他失败了，那么问题一定出在产品或者其他条件上，而不是广告，他也不会有什么损失。而如果他成功了，他或许就能大赚一笔。

我是如何在这种情况下获得成功的？那是因为我在每次犯错后都吸取了教训，所以不会在同一个地方跌倒两次。每隔一段时间，我就会反思并总结一些重要的规律，这才是长久之道。我做广告时，整个广告业还处于萌芽状态，因此这样的总结过程耗费了大量时间。我比其他人付出了更多时间，做出了更多牺牲。我不希望下一代也像我一样在摸索中付出那么多，所以我写下了这本书，希望后继者能站在我的肩膀上继续前行。

拉斯克先生是个很有智慧的人，他总把我的成功归因于贴近群众。这本书是在我林间的住所写成的，过去的20年我一直在那里工作，拉斯克先生对此非常赞赏。我在那里接触的基本就是我的园丁和他们的家人，以及附近的村民。通过交谈，我了解了他们的购物习惯以及购买的原因，得出的结论可能会让许多只从高尔夫球友那里听取意见的人大跌眼镜。

我发现普通人买东西时极少考虑价格因素。尽管我们常会见到很多有钱人吹嘘自己有多么节俭；但那些真正需要精打细算的人却不太愿意这么做。比如真丝衬衫的售价虽然高达15美元，却风靡于工薪阶层，以至于其他阶层的人反而更喜欢购买绒面呢服装。再比如商店里的每位导购女郎都想拥有昂贵的丝袜。以我多年做化妆品广告的经验，降低香水等产品的价格对她们反倒没什么吸引力，她们想要的是所谓"高端人士"使用的高级产品。

我周围的很多人虽然薪水不高，却比我更不在乎产品的价格。我家雇用了一位帮佣，这位女士每天都开车上下班，并且痴迷于购买古董。她真的买到过不少有价值的古董，如果她愿意割爱，我们都愿意从她手里买上几件。

许多人认为注重价格是一件丢面子的事，我认识的人中最典型的就是老家的乡亲们。如果你劝他们买一件价格很划算的商品，他们会非常反感，因为你伤害了他们的自尊心。但是，如果你以其他非价格因素做推荐，他们很可能愿意考虑。

这只是我从与大众的交流中得出的一点儿经验。美国是一个平等的国家，普通民众占到我们客户群体的95%，因此我策划的每一次广告活动都着眼于这个巨大的群体。我从不向公司高管或董事们征求广告方案的意见,他们的视角总是存在局限性。我会广泛听取周围普通人的反馈,因为他们代表的才是我们真正的客户群体,他们的反应才是真正需要考虑的因素。

当然也有一些特定的广告以精英阶层为目标群体,比如凯迪拉克汽车。但是,这种只针对高收入群体的广告占比很小,绝大部分广告还是面向大众的。我确信自己秉持的理念符合普通人的想法,也契合了他们的购买需求。

第 17 章

科学的广告

自我写了《科学的广告》一书后,我的名字便与这个词联结到一起。"科学的广告"指的是广告建立在某种固定原则上,背后蕴含着基本规律。有赖于整整 36 年对广告的跟踪研究,对数百种不同产品的广告活动策划,以及对数千份广告文案的结果比较,我终于摸索出了一些规律。

自我职业生涯中第一次发出上千封广告信函,到后来客户愿意为我的广告方案每年投入 500 万美元,每时每刻我都要面对投入和产出的问题。在这样的过程中,我很自然地验证了许多非常具有实践价值的基本原理。广告界存在许多所谓的"理论",但其中绝大部分我并不认可,因为这些理论要么基于有限的经验,要么只适用于某些特定情形,并没有经过实践的检验。

某些产品从表面上看似乎依靠广告获得了成功,但如果对收益细加分析就会发现,产品的成功跟广告并没有什么关系,就算没有广告，这种产品也很可能大卖。这种无须做广告也能成功的产品确实存在，或许是因为人们对其迅速产生了需求；或许是因为经销商通过某种方式对其进行了包装；抑或是产品名字本身就吸引了消费者的注意。"麦乳"和"绿薄荷口香糖"就是很好的例子，它们的名字本身就说明了产品特质。所有大卖的口香糖几乎都是因为名字起得好，因为产品本身并没有太大的区别，也没有什么背后的故事可讲。很多如今做得很成功的口香糖如果换一个名字大概率就会失败。

但是这些案例太特殊、太小众了，如果要从中提炼所谓的结论，那只会误人子弟。只有那些对广告的内涵有合理准确认知的人，以及对大量广告文案进行结果比较分析的人才能总结出真正可靠的规律。

在种类繁多的广告中，邮购广告的结果反馈是最准确的，因此将其结果做比较而得出的规律能够为大多数广告的运作提供指导。

要想真正践行"科学的广告"这一理念，就必须认识到广告所做的就是推销员的工作。你必须以推销员的视角看待自己策划的每一套方案，逐一进行比较，并将最终的投入产出联系起来。如果没有这些比较，盲目做广告非但不能教给你什么，还会让你处处碰壁。我在本书中介绍了一些能够有效跟踪广告效果的方法。通过跟踪比较我们发现，某些成功的广告策略只适用于特定的产品，如果用在其他产品上，最终赚到的钱可能还不到原先的

1/4。因此不管你掌握了多少理论知识，实践永远是第一位的。但同时，广告学领域确实存在一些发展成熟并且被了解其成果的人广泛接受的基本理论，任何理智的广告人都愿意对其进行学习并加以应用，这些理论就是我想在本章中与各位分享的。

我认为广告文案在用语上不宜华丽，过于独特的风格会喧宾夺主，分散人们对核心内容的关注。同样，广告中也不应表露过分明显的销售意图，否则容易引起消费者的抵触心理。过于刻意的劝说会让人们担心自己被牵着鼻子走，强调品质及服务以外的任何要素都会对广告效果产生致命的影响。广告语言应当做到以下几点：

- 风格自然朴实，不要过度宣传；
- 像钓鱼一样吸引顾客，永远不要直接亮出自己的"鱼钩"；
- 不要自我夸耀，永远记住你推销的是产品而不是你自己；
- 确保目标明晰，过分花哨的语言可能会淹没广告的核心诉求；
- 尽可能使用短句，并在字里行间传递真诚；
- 确保始终站在客户的角度为其考虑，这才是客户们想看到的，也会是你的广告亮点。

广告创意人员应当基于上述要求对自己的广告文案进行权衡，并在此基础上尽可能节约版面与成本。我见过很多广告，只因为用错了个别词就被彻底否决，类似"认准XX品牌""小心山寨""谨防假冒伪劣产品"等都属于用词不当。这些措辞让顾客难以共情，还会让他们觉得你另有所图，不仅不能推销产品，反而会产生负面效应。

做广告要彻底抛弃自我意识，只想客户所想。在你的脑海中构建潜在客户的典型形象，要想让这位客户有充分的兴趣了解你的产品，你必须把客户置于自我之前，从他们的角度出发，就像他们真的站在你面前那样。在广告中只说符合一位优秀推销员身份的话，从而增加他们对你的好感。如此一来，通过纸面广告把东西推销给他们就与当面推销并无不同了。

做广告切忌自我夸耀。不要在广告中吹嘘公司的厂房有多豪华或是产量多么惊人，或许你对这一切很自豪，但你的潜在客户并不会感兴趣。

做广告要以激励顾客行动为目标。试想一个情景：你的潜在客户正在阅读报刊或者杂志，他看到了你的广告，一下子就被标题或是其中的内容吸引了，他看了会儿广告，然后继续阅读其他文章。结果，阅读的乐趣很快让他把刚刚看过的广告抛诸脑后。这样一来，你的广告尽管引发了顾客的兴趣，最终却没有实效。

但如果你能采取某种方式，在他们的兴趣被激发时立刻刺激他们采取行动，结果一定会不同。优惠券就是最常用的手段。阅读过广告的人会将其剪下，然后提醒自己千万不要忘记使用。人们一般不会把报纸杂志带在身边，但优惠券却很便携。女人们可以把它放在料理台上，男人们可以把它揣在衣兜里，然后等他们方便时就会加以使用。通过使用优惠券，顾客们会得到试用装以及更详细的产品资料，而你则会获得进一步发展客户的宝贵机会。

无数测试已经证明优惠券能够成倍增加回报。我看过许多邮购公司的广告记录，将包含优惠券的广告与普通广告相比，其回报差异是巨大的。但是，人都是有惰性的，总有人喜欢一拖再拖直到彻底忘记广告和优惠券这回事，许多企业就是这样失去了眼看就要到手的客户，没有人能长期承受这样的损失。因此，广告主们想出了一些办法激励顾客们迅速行动，常见的"限定销售"就是典型代表。所谓"限定销售"，就是零售商们仅限某天或某一时段对产品进行限时、限量供应。这样一来，就能有效促进人们迅速行动，避免拖延。

做广告，内容切忌散漫轻佻。金钱一向为人所重，一个人的生活与工作状态可以从他的经济实力得到反映。对绝大多数人来说，在某一个方面花钱就意味着在另一个方面要加以节制，因此花钱也是一件郑重的事。正因如此，除了对娱乐广告可适当降低要求，其他广告的内容都要进行认真考量。

人们总希望买东西能物超所值，他们希望尽可能用同样的价格买到更有价值的商品。这种情况不应被忽视，任何一个贴近大众的创意人员都不会对此视而不见。赚钱不容易，钱多得花不完的人总是少数，绝大多数普通人买东西都要货比三家，精打细算。

因此，如果你在广告中以轻描淡写的态度对待金钱，那么金钱也会弃你而去。"快乐吉姆""无尘小镇"以及其他许多早已被世人遗忘的产品就是最好的例证。只有郑重其事的诉求才能让广告取得长久的成功。

永远不要追求广告的娱乐性，没有人愿意和"小丑"做生意。人们如果想找乐子，自会去阅读报纸杂志里的各种专栏文章。若要确保盈利，那么你的广告只需要发挥一种作用，那就是展示他们需要的商品。

不要试图拿广告与文学作品或者新闻专栏对比内容，也不要与插图或者漫画比趣味。如果你这么做，或许确实会引起关注，但这种方式吸引的大多数人对你的推销主题并不感兴趣，也不会有助于销售。广告和其他专栏的目的本就不同，因此在形式上自然也不可加以模仿，我希望任何人都不要这样做。对于广告主来说，吸引一个对商品丝毫不感兴趣的读者有什么用呢？能够做广告的产品总有过人之处，只要策划得当，它们展现的亮点一定比普通的专栏故事更吸引人。内容的娱乐性是短暂的，但消费者能从产品中获得的帮助、满足感以及经济上的性价比却可以是经久不衰的。那么，为什么要牺牲这么重要的个性只为换取一时的关注度呢？

我们都知道公开发行的广告等同于对数百万人进行推销，并且辐射范围越广，成本也越高。拿全国性广告来说，文案中出现的每个词的平均成本约为 10 美元。每个人都应该认识到这一点，因此如果有哪个词带来的回报少于 10 美元，它就应该被删除。不要重复使用同一个词，虽然没必要矫枉过正，但必须有意识地去这样做。

聘请一个说话没重点、爱重复、喋喋不休又毫无效率的推销员，顶多每小时浪费 1 美元的人工费，但如果一个广告也是如此，那么其中的每个词都会白白花掉你 10 美元。广告的盈亏就在毫厘之间，很可能就取决于广告费是否用在了刀刃上。成功从来不是容易的事，一个轻而易举就能成功的领域必然人满为患。绝大多数成功的广告都有赖于高效的资金利用，而失败也基本源于不必要的浪费。

任何情况下都不要浪费昂贵的版面空间。一般来说，广告正文基本采用 8 号字；邮购广告中需要特别突出亮点的，有时会采用 6 号字。但很多广告主会无视这些事实，而选择在广告中使用并不常见的特大字体。我想不通他们为何要这么做。对人们来说，最普通的字体读起来一定最舒服，不常见的字体反而会让人难以接受。

广告主们总是希望尽可能引起消费者的注意，他们竭力争取却没有引导消费者主动提出需求。选择大号字体算是他们吸引消费者注意的一种手段。但是，如果仔细分析最终结果，不难发现大号字体在促进销售上并没有什么效果，反而还会增大广告版面，从而使得成本也成倍增加。这一点对于所有形式的广告都是一样的。如果你的故事内容有趣，就算字体再小，人们都会愿意阅读；但如果内容乏味，就算字体再显眼，他们也不会去阅读，而且即便真的阅读了，也不会产生什么实质性效果。

基于同样的想法，许多人会把广告文案全部大写，他们认为这样会显得更突出。但他们忽略了一点，我们日常阅读的文字都是大小写混杂的，我们早已习惯了那样的阅读模式。如果一下子读到全大写的句子，必然要耗费更多精力加以辨析。这或许算不上什么大问题，但终究对阅读有所阻碍。那么，为什么不直接遵循常规、自然的做法呢？

接下来我要说到的是广告中与艺术表现相关的原则。比起文字，创意人员更喜欢在广告中使用插图，并且这种趋势愈演愈烈。如今单张插图的使用费已经高达1500~4000美元不等。但是据我所知，没有任何证据证明图片优于文字，抑或是彩色插图优于黑白插图。尽管人们越来越广泛地运用插图，却依然不愿意切实地跟踪结果进行比较。

我相信对某些产品，比如水果、甜点等，使用彩色插图的广告效果确实会更好。但即便如此，根据我对投入产出的长期跟踪调查，没有一个企业能保证彩色插图带来的产出可以完全覆盖其增加的成本。曾有一家知名广告杂志社公开向大家征集彩色广告更有效的证明材料，但至今还没有发现任何确凿的证据。我自己在这方面所做的大量研究也未能证明这一点。

这个问题还有待进一步考证。但就目前来看，我们还无法证明精美绚丽的插图在广告中的优势，并且即便确有优势，也很可能仅限于特定行业。彩色插图对顾客的刺激并不能促进销售。在现实中，人们很少关心推销员的穿着，甚至会反感打扮过于花哨的推销员。书面广告也一样，我本人以及我身边的人还从没见过哪个广告因为制作精美就能多卖出东西。我的观点是，广告做得太精美，反而会让顾客产生警惕感。

此外，从我的经验来看，**广告必须一次性传递完整的信息。** 广告不是连载小说，人们不会有耐心连着阅读几期广告。很可能他们只是偶然被你的一个广告吸引，接下来可能几个月都不再看你一眼。因此，我们必须把握每一次机会，将所有要点全部表达出来。

广告宣传时，如果我们发现某些标题很明显引发了顾客的兴趣、某些却效果平平，我们就可以有针对性地进行调整。对有吸引力的，加以保留；对无人问津的，及时摒弃。

人们购买商品的原因各不相同，因此我们应该将所有已被证明能够吸引顾客的要素都囊括进去，否则总会与一部分潜在客户失之交臂。我们不能指望顾客一次次地阅读我们的广告。如果我们有足够的吸引力，他们自会给我们关注。他们究竟会被说服还是永远失去兴趣，一切都取决于我们自己。如果他们没有在广告中看到想要的东西，就不可能再给我们机会了。因此，我们不能放过任何机会，每个广告都应该把对顾客有吸引力的全部亮点都展现出来。

此外，表达方式的差异也会影响效果。有些表达令人印象深刻，有些则不然。极限化的用词是无效的，将自己的产品标榜为"世界第一"不会给人留下任何印象。顾客们能够预料到大批企业使用这样的广告语，他们或许不会因此认定企业在做虚假宣传，但丧失信任是必然的。这样一来，企业做的其他宣传在顾客心中的可信度也会大大降低。当我们说出类似"世界第一""地表最强"这样的话，别人或许只会对这样的夸大一笑了之，而不会有实质性的抵触。但此后无论我们说什么，可信度都会大打折扣。

一直以来，人们普遍认为广告必须讲真话。他们知道企业不敢在媒体上公然误导消费者，但对于某些夸大其词的说法，他们并不视之为误导，当然本也不是误导。但反过来说，如果你给出准确的数字和明确的事实，他们一定会完全接受你的说法。这些言之凿凿的话要么完全真实，要么就是彻头彻尾的谎言，但人们普遍认为有信誉的人或企业不会说假话。

广告必须给出准确的数字，陈述确切的事实。以钨丝灯为例，如果只说它比其他的灯更亮，不可能给人留下深刻的印象。但如果具体说出它的亮度是碳丝灯的 3.33 倍，人们就会认为你确实做了比较，从而全盘接受你的说法。

任何事都是这样，模糊不清的诉求只会留下无足轻重的潦草印象，而明确的说法能得到充分的认同。尽管再确切的话也存在真伪两种可能，但绝大部分读者还是倾向于信任。

不要做负面的广告，要注意展示积极向上的内容。顾客们所受的病痛与困扰已经够多了，不需要广告再戳他们的痛处，广告只要突出产品或服务能带来的好处即可。既然幸福、安全、美丽和满足感是人们的普遍追求，那么就向他们展示实现的方法。在广告中要以选择正确方法后获得幸福的人为例,而不要威胁他们如果不这么做会有什么后果。没有哪个牙膏制造商是靠着在广告中展示脏牙、烂牙或牙龈肿痛成功的,只有展现美好的一面才能给人留下深刻印象。

诸多广告已经证明,人们很少未雨绸缪,但他们会为解决已有的问题拼尽全力。可是,真正遇到问题的人毕竟不多。因此,几乎所有广告都对问题避而不谈,它们更多地着眼于宣传能够获得益处、谋求进步和满足欲望的新方法。

在广告商品中有很多相当小众的东西,比如特制药膏、杀菌剂、治疗哮喘和花粉热的药品以及治疗风湿病的膏药等。这类广告的成本太高,因此大家都应尽量避免接手这类业务,连尝试也不要有,否则最终的结果一定会让你相当受挫。这些产品的受众太少了,如果仍采用大范围宣传的方式,那么用来吸引并保有顾客的成本多少年都难以收回。即便某些产品能够逐步收回成本,客户也几乎不可能再次购买产品。

此外,对于很多家庭必需品,尽管几乎每个家庭都必定会购买,但很多东西买过一次后,过几个月甚至几年都无须再次购买。长期保有客户的成本可能远远超过首次销售的利润。一想到盈利遥遥无期,很多广告主和创意人员可能在销售开始之前就泄气了。上述商品的普遍结局是,因为受众过小,加上重复购买的周期过长,导致广告主们很难等到顾客重复购买的那天。我见过许多很有能力的广告人就因为接手了这类业务而受挫。

另一个需要搞清楚的问题是，什么样的标题最吸引人。事实一次次证明，仅是标题的少许修改，广告效果就能翻8~10倍。标题对广告来说是什么？既像旅馆里向住客传递信息的门童，也像新闻报道的开篇摘要，标题为目标客户提供了最直观的信息。对于普通顾客而言，面对众多广告，他几乎不可能有时间仔细阅读全部内容，因此只能通过标题加以选择。

我们必须找出最能吸引顾客的诉求点。核心指标测试和标题比较是最常用的方法。假定我们发现某个标题能够吸引25%的顾客，而另一个可以吸引50%，那么我们就可以运用这些结果进行策略调整。

通过指标测试，每个人都能很快判断自己是否走了弯路，其有效性是其他任何方法都不可能达到的。所有合格广告在内容上都是完整的，但完整性也意味着相似性。在这种情况下，标题就成了最大的区别点。两条内容相似、标题不同的广告可能在效果上有天壤之别。而要想让广告盈利，我们就必须明白这一点。

不同的广告可能天差地别。有的摆低姿态，有的却高高在上；有的从自身利益提要求，有的则想着为客户服务；有的只想推销产品，有的则想取悦客户。所有这些都会让消费者产生不同的心理感受，从而影响其购买决策。

不过，**影响消费者心理的因素还有很多，包括对消费者自尊与个性的尊重。我们必须知道如何调控这些因素。这是很难学习的，它们源自善良的本性，来自爱、理解、取悦和服务他人的愿望。**

任何一个不懂得与他人相处的人都不可能学会这一切。

我所知道的最能给广告人以启迪的就是上门推销。许多伟大的广告创意人员将一半的时间花在这上面。他们通过与顾客的面对面接触了解到什么样的广告能够成功，随后又将研究结果应用到书面广告上。

这些要素必须全部考虑在内，它们构成了广告的基础。假如广告业的门槛降低，那么但凡能写信的人都能上手写广告；假如任何平平无奇的文案都能让产品大卖，那么广告业的人才将毫无用武之地。

但上述假定永远不可能发生，因为这个行业的竞争太激烈了。每个广告都涵盖了无数亮点，点滴努力都要付出相当的代价。唯有理论先进、策略正确的人才能笑到最后。他必须比对手所知更多，必须更脚踏实地、更精打细算。要实现这一点，唯一途径就是遵从科学理论的指导，因为这些理论都是从业者几十年经验凝结而成的。

第 18 章

职业生涯的失误

就在我创造性地凭着信函成功销售吸尘器的那年圣诞节前夕,公司总裁比斯尔先生把我叫到他的办公室。他说:"我个人认为你很有销售天赋,也很有潜力,在我这儿工作实在太屈才了。我建议你可以考虑像我一样自己创业,一定能成功。"

他跟我分享了自己的经历,关于他如何一次次放弃高薪且稳定的工作,始终坚持奋斗,以及他如何最终踏上通往成功的康庄大道。他最后真诚地对我说:"如果出于私心,我当然希望你能留在这里。如果你留下,明年我会为你大幅加薪。但平心而论,我还是希望你能自己创业,如果只是为别人工作,那么你辛辛苦苦创造的利润,一大部分都是要分给老板的。"

然而,或许是我的苏格兰血统赋予了我与生俱来的保守主义,我最终还是留下来了。这是一个巨大的错误。不久之后我结婚了,家庭的责任让我不能再随意冒太大的风险。我认为自己这辈子都要为别人打工了。

与我不同，我的一些同事开始自己创业，并且很多选择了我曾做过的领域。比如弗雷德·梅西做的是家具邮寄销售，短短数月内他建立了90人的销售团队，后来又以此为基础创立了弗雷德·梅西公司，至今仍经营良好。A. W. 肖最初以开发办公系统起家，后来创办了《系统》杂志，取得了巨大的成功。我的室友 E. H. 斯塔福德离职后开始做学校专用桌椅，并创立了斯塔福德公司。我始终认为自己在各方面不逊于他们，但总缺少像他们那样的勇气。虽然我在各大公司经手的业务规模远超他们的公司，但他们拥有的自主性让我羡慕，这是我花了35年时间才获得的东西。

我曾帮助许多人走上成功之路，获得财富和地位，他们很多或者说绝大部分是白手起家，只能靠着广告突出重围。这就是让生意成功的核心，通常也是唯一的因素，无论邮购行业还是其他许多领域都是如此。要生产早餐食品、牙膏、药品、肥皂或清洁剂等产品并不困难，大多数广告主在生意一开始就会雇用其他人帮忙生产。但是广告主们在早期基本不会雇用推销员，那个阶段推销员的作用不大，生意的发展几乎全部要依靠广告的作用。

我在之前已讲过这类产品的小规模试验方法。广告人要承担90%的工作和绝大部分的风险，而广告主则几乎无须承担风险。如果试验失败，广告人的损失最为惨重，因为他白白耗费了时间与精力；如果试验成功，广告人纵然获得佣金，但利润大头还是属于广告主的。并且由于很多广告并不公开创作者，很多人即便做出了成功的广告也很难得到应有的赞誉。

随着生意日益壮大，广告主的财富与名望日益积累，广告人却变得越来越不重要了。生意初创时，出色的广告能够成为巨大的推动力；但生意一旦走上正轨，再平庸的广告也不会影响大局。

广告人在策略上通常会一以贯之，他们害怕改变，事实上改变也的确不明智。既然老方法已久经考验，成功吸引了数百万人，那么理论上确实很难找到其他更有效的方法。

但是对于广告阅读者来说，缺乏改变就意味着单调乏味，他们总希望能看到些新东西。因此，如果不能创新，即便企业拥有再大的客户规模，也迟早会陷入客户流失的境地。

后来我开始专注于为专利药品和食品等人们经常复购的产品做广告，这类产品蕴藏了巨大的广告机会。相反，那些一锤子买卖的产品广告就不那么友好了。所有的盈利都要寄希望于首次或许也是唯一一次购买行为，并且产品受众通常很少。让广告人获利最多的当属那些几乎家家户户都需要并且必须反复做广告的产品，食品就是最好的例子。母亲们会反复教孩子们如何食用，孩子们也永远不会失去兴趣。

但这类产品能为绝大多数人接受，也需要一个缓慢的过程。其间，广告人依旧承担了绝大部分的工作和责任，却得不到合理的回报，并且一旦说起广告，人们很少会想起创作广告的人，所有广告人都一样，就像我从业 35 年间经历的那样。

我时常会想，如果把自己挣到的佣金投回那些公司能赚多少钱，我想起码能有几百万美元。但我没有那么做，虽然我声称这是因为自己视金钱如粪土，因为我所做的创意工作超凡脱俗，但其实归根结底还是因为我不够自信。因此，多年来我眼看别人赚得盆满钵满，自己却只赢得了少许虚名。

不过，我野心勃勃的妻子点醒了我。她有很多想做的事，并且这些事需要金钱的支撑。她直接点明了我的雇主们如何攫取我创造的利润，我最终考虑了她的想法。在为别人效力多年之后，我终于开始为自己工作。靠着投资，我可以参与分享自己创造的利润，这比以往只靠佣金好了不少。

我最早做的投资是白速得牙膏，投了 13000 美元。这笔投资给我带来了大约 20 万美元的分红，后来我以 50 万美元价格将股份全部卖出。

在大多数人已经想退休的年纪，我决定践行 21 岁那年比斯尔先生的建议。我要为自己工作，创办自己的企业，荣辱与共。

关于做什么，我有过很多想法。我最初做的是化妆品行业。经过统计数据研究，我发现女性群体每年在化妆品上的消费高达 7 亿美元，超过对其他广告产品的消费总额。

我想找到一些具有足够亮点的产品，但一时没有明确的想法。化妆品市场已经有很多品牌，知名经销商的代理范围已涵盖数千种化妆品，并且几乎每周都有几十个厂商排队求着他们代理自己的新产品。没有哪个品牌能一家独大，如果顾客想要换一种产品使用，一定会有大把品牌的导购员争相向她推销。

后来我又派人到巴黎和维也纳考察市场，最终也一无所获。

然而就在我准备放弃时，机会出现了。当时，埃德娜·华莱士·霍珀正在芝加哥巡演。一天早上，曼德尔兄弟商店在报纸上公开宣布，霍珀小姐将于当天下午亲临商店四层的美容部。我派去现场打探的人发现，整个楼层被慕名而来的女士们挤得水泄不通，连同层的其他柜台也不得不让出地方。

埃德娜·华莱士·霍珀当时已是祖母辈的年纪，很多年纪稍长的女性都见证过她的全盛时期，那已是 19 世纪 90 年代的事了。然而几十年过去，岁月仿佛没有在她身上留下痕迹，她的头发、身材和皮肤依旧像一位妙龄少女。每位女性自然急迫地想知道她青春永驻的秘密。

曼德尔商店的经理向她推荐了我，他建议埃德娜充分运用自己的影响力，将保养的方法教给广大女性。第二天，埃德娜就带了许多关于她的报道以及她自己所写有关如何保养的文章找到了我。

我终于找到了心心念念的亮点，正是我眼前的这个女人和她寻遍全球找到的美容配方。她早在 35 年前就因美丽而家喻户晓，如今又依然如此明艳动人。我们立刻签订了合约，约定我有权使用她花了大价钱获得的美容配方进行批量生产，并可借助她的知名度和影响力进行宣传，毕竟她本身就是最好的代言。就这样，我们建立了一家颇具规模的化妆品公司。

我们没有招募推销员，也从来没有请经销商代理产品。我们所做的努力都针对消费者展开。我们试图让女性顾客充分认可霍珀小姐的配方，只要有需求，经销商们就会闻风而动。

很多厂商一开始就想迅速实现销量翻番。他们先试图把产品推销给批发商（目前的分成比例一般在20%），然而批发商能做的也不过是处理客户发出的订单而已，他们甚至还想让广告主负担所谓的销售费用，但那根本只是他们和竞争对手抢生意所花的钱。事实上，经销商到底通过哪个批发商购进我们的产品，对我们来说根本无足轻重。因此，批发商的推销员们也发挥不了什么作用。

不仅如此，零售商也试图分一杯羹。如果主动派人联系零售商，他们一定会要求优惠条件，诸如买十送一等额外的好处。企业一旦答应，后续就很难扭转弱势地位。要记住，你的成功完全取决于消费者。只要消费者有了需求，经销商就有需求，批发商自然会进货。

广告的失败大多是因为推销对象过多所致。先是批发商，他们的分成要求很高；然后是零售商，他们想要免费赠品和额外的利润。但其实无论批发还是零售，效果好坏最终都取决于你对消费者的影响。

永远不要忘记一点，那就是批发商和零售商们都有自己的品牌，因此他们不会把收益最高的分销渠道留给你。对他们来说，与其为了赚20%的分成费心费力，倒不如把精力放在自己的品牌

上赚 100% 的利润。这就是对广告主来说最残酷的真相。

广告主既要花钱争取用户，又要花钱雇用销售人员把商品推销给批发商和零售商。可事实上所有的需求都是他自己创造的。广告主不断让利，支付了所有费用，却只得到了残羹冷炙。这就好比一个人付出了努力，承担了一切支出与风险，最终的收益却被人瓜分。按这种方式做生意，谁也支撑不住。

如今，埃德娜·华莱士·霍珀系列已有 23 种产品，每一种都是霍珀小姐的独家配方。许多顾客都是霍珀小姐的追捧者，并且他们在尝试其中一种后，也会想尝试其他产品。这个系列产品的平均售价是 1.78 美元，可以参考的是，当时牙膏单价 50 美分、剃须膏 35 美分、肥皂 10 美分。如果只针对我们做广告的产品进行成本利润核算，那么一定是亏本的。但如果考虑由此带动的其他产品的销售，结果就不同了，很多产品都是如此。

这就是我在这个新领域中开展的诸多经营活动之一。即便某些业务经营不利，对我也不会有太大的影响。与从前不同，我与合作的企业处于同等地位，有损失谁也逃不掉，但如果成功，我们都能大赚一笔。

这就是我的未来。我不再为了短期的佣金收入而让自己局限于为别人出谋划策，我开始为自己经营，我的公司看起来也大有前途。只要有一项业务能蓬勃开展起来，我就能赚比以前做广告策划拿到的更多的钱。

不过我知道，这对大部分人来说不算好建议，大家还是应该谨慎创业。人能否成功受很多因素影响，很少有人能完全具备条件。我也是在和各大公司合作几十年以后才开始创业的。

希望大家能从我的经历中得到启发，找到方向。我已经指出了在广告业取得成功的方法，这些方法会指引你去往不同的方向，至于哪一条是最佳路径，由你来决定。

第 19 章

广告与生活

既然这本书不仅是对我奋斗历程的记录,也是我对他人的一种激励,那么我还是要写一些关于我个人生活、喜好、习惯和追求的内容,因为这些都与我的成功密不可分。

我一向是个工作狂,就如他人喜爱玩乐一般,我对工作乐此不疲。这是我的职业,同时也是我的消遣。在孩提时代,我就因为要在放学后打工挣钱而放弃了玩耍。后来,我又将所有精力放在了学习推销方法上而无暇娱乐。我唯一学过的游戏就是做生意,这对我来说是值得全身心投入的事。我从没玩过棒球、高尔夫或者网球等球类运动。我母亲信奉的苏格兰长老会,教规禁止跳舞、打牌和看戏,而我一直没有学会享受这些。虽然我是最早一批拥有汽车的人,却很少开车。

我一直致力于鼓励大家热爱工作。我曾长期自愿参加一个未成年罪犯教养协会,这个协会将少年犯们送到农场去工作,引导上百个青少年走上了正途。在芝加哥工作时，我每天都会早早地从乡间的家出发，早上 6 点就抵达。那几年，我一到芝加哥就直奔格兰特公园。很多流浪汉在公园里过夜，我时常会花上一个多小时劝他们去工作。作为美国志愿者协会的负责人，我对监狱方面的工作尤其感兴趣。我曾陪同莫德·巴灵顿·布斯在乔利埃特监狱发表演讲。我还曾在周日下午为芝加哥的"希望之家"做了一场以"工作之乐"为主题的演讲，那里是假释犯人的临时住所。

我曾在杂志上公开发表文章，主张无论男女都应该工作。我一直坚持让我那未婚的妹妹像我一样工作，追求真正的快乐。她如今仍坚持在大急流城的一所高中任教。我的一个女儿成了演员，另一个从史密斯学院毕业后不久就结婚生子了，但她依旧没有停止工作，后来又兼任了妇女俱乐部主席，有时候还会做些演讲。我的妻子每天工作约 14 个小时，她是本地最优秀的园艺师，培育出了密歇根州最美丽的花园，每年夏天都有数百人慕名而来。她还管理着一家生意兴隆的乡间民宿，我们统计过，那间民宿每年夏天至少要接待 3500 人次。同时，她也是一位音乐家，每天要花 6 个小时练习。在芝加哥，她也是有名的义工。

在我的女儿们还未出嫁时，她们的朋友经常在假日上门玩耍。我告诉他们我不喜欢看他们游手好闲的样子，这促使他们中的许多人开始在假期兼职，从而养成了有助于未来事业的习惯。让我欣慰的是，我的敦促帮助他们中的许多人取得了成功，他们意识到，做成订单比玩球更有趣，谈成一份合同比赢得一场比赛更有成就感。

我对工作的投入并非只出于对金钱或名望的追求，我甚至从来没有一定要成功的欲望。钱对我来说并不重要，只是苏格兰血统让我本能地反对浪费。我甚至不想把钱留给孩子们，因为她们已经拥有了最有用的东西。我希望她们的丈夫也能像我一样体会自我奋斗走向成功的快乐，因此我不会以任何方式剥夺他们努力的动力。

在人生的很长一段时间里，我曾穷困潦倒，经常食不果腹。工作以后，我也要为了省出洗衣费而每周少吃两顿。当然我也曾有过颇为奢侈的生活，一年的开销高达14万美元。但无论贫穷还是富裕，对我来说并没什么区别，因为我都过得很快乐。倒不是说穷日子不会给人带来痛苦，只是我认为无论处于什么样的境遇，我们都可以找到生活的乐趣。

我知道的最快乐的人当属我的一位邻居。虽然他的月收入从没超过125美元，但他靠着这点钱攒下了6套小房子。他把房子租出去后就退休了，全靠租金生活。夏天，他会在我的湖上避暑，在他的花园里干活，冬天又会到佛罗里达过冬。我经常去他那儿听他讲对知足常乐的看法。

在个税制度确立之前，我从不记录自己的收入到底有多少。这些数字对我来说毫无意义，收入的增减波动对我没有什么影响。我的妻子掌握着家里的财政大权，收支皆由她打理。我从不签发支票，不知道我们在乡间的房产上花了多少钱，也不知道家里的某件东西值多少钱。虽然我也知道买这些东西花费不低，但我并不想知道它们的具体价格，这会让我不快乐，或许这也是受我母亲影响的缘故。

在个人消费方面，我一向节俭。我对穿着并不讲究，除非我妻子强烈反对，否则我几乎不穿定制的高级服装，而是选择成衣。到目前为止，我已经有两年没买过任何新衣服了。我最贵的一双鞋是 6.5 美元。每次到旅馆住宿，我也都选择最经济实惠的房间。

我之所以说这些，是想证明我并非为了金钱、地位或名望才工作。我长期住在乡间，和普通老百姓打交道。名利或任何可能让我和他们产生距离感的东西都不是我想要的，我和他们一直以平等的地位和谐相处。

我工作是为了追求其本身带来的快乐，工作已经成为我的一种习惯。后来，我在广告界努力打拼，也是因为意识到广告要想走向成熟，必须有人承担初期的艰辛。

洛德与托马斯广告公司在我 25 岁时第一次向我抛出了橄榄枝，为此我特意从当时居住的大急流城跑到芝加哥，和公司的创始人面谈。当时公司还没有广告创意人员，所做的更像纯粹的代理业务，基本就是和其他广告代理公司就固定数量的广告版面进行竞拍。广告都是由广告主自己制作的，并把做好的电铸版送到广告公司。广告公司的利润点在于为广告主策划广告发布方案。他们之所以想请我，更多的是考虑到我在必胜吸尘器公司时展现出的策划能力，而并非想对当时的盈利模式做出任何改变。

虽然我那时很年轻，又缺乏经验，但我敏锐地意识到广告公司的这种运营模式持续不了多久。我的从业经验让我认识到结果跟踪的必要性。因此，我拒绝了洛德与托马斯广告公司的邀请以及高于原公司60%的薪资待遇，继续在产品推销岗位上奋斗。16年后，洛德与托马斯广告公司的新任老板再次邀请我加入。

通过这么多年的努力，我得到了什么呢？正如有的人一生致力于科学实验、医学研究，我的毕生工作就是研究广告，我获得的与他们并无不同。如今我有幸为后辈们写下我的经验，希望能让大家避免重蹈覆辙。我获得的是一种满足感，如托马斯·爱迪生通过每天工作20小时获得的一样，这是一种知道自己发现了经得起考验的法则时的满足感。

许多人认为广告业正在改变，新时代需要些新东西。美国的生活节奏在改变，时尚潮流以及人们的购买需求好似万花筒般变幻莫测。广告业的某些模式也在发生变化。现今的每一次广告活动都有自己的主题，这确实很有必要。跟在别人后面的模仿者永远不会成功，但人性并不会改变。本书中阐述的基本原则会像阿尔卑斯山一样永恒。

现在做广告比以前难多了，因为成本更高，竞争也更加激烈。但每一个新的困难无疑更加证明了科学的广告的必要性。

就在我写这段文字时，我正俯瞰着一个美丽的湖泊，我第一次来这里时才6岁。湖的尽头有一个村庄，一度因伐木业而兴盛，我的祖父曾在那里做牧师。我目光所及之处是童年时曾经劳作过的山坡和坡上的葡萄园。我叔叔在这里有个果园，现在成了我的家。在我开始做生意之前，每年冬季和夏季我都会来这里工作。我的许多童年玩伴仍住在这里。

山下有个岬角，那里曾有个码头。我一度每天在那里装卸1800筐桃子挣钱。18岁那年的一个晚上，也是在那个码头，我搭上一条船，含泪踏上了奋斗之路。经历了多年艰苦的岁月，我终于回到了我童年的家园。

思乡的本能让我回到了故土。我买下了一片小时候就非常向往的原始森林，将之命名为"松林峰"。我在那里建起房子，通过17年的扩建、打理，我打造了一个属于自己的天堂。那里有约800米长的花园，一直延伸到湖边，我可爱的朋友、亲人和孙辈们时常会在草坪上休闲玩耍，与我相伴。

在这里，我得以在优美的环境里做我热爱的工作。而与此地相隔不到2千米的地方却有人过着截然不同的生活，他们让我明白了自己的奋斗创造了什么。这里还有一些一直未曾做出改变的人，他们保留着原本的样子，向我展示了生活的另一面。这是我的故土，我心灵的居所，是我最爱的家。

我相信没有人能从生活中比我获得更多真切的快乐与满足感。我将之归功于我对简单生活以及对普通人的热爱，这也是我在广告方面获得成功的原因。我时常会在乡间周末的聚会上遇到许多成功人士，并与他们深入交流，但我并不羡慕他们。我认为极致的快乐应当是贴近自然的，这也是广告成功的必要条件。因此，我的结论就是，广告要立足于对大众的热爱与了解，由此带来的回报远比金钱更富足。